Dancing In The Sun,
Rest By The Sea

Contents

GREETING

섬에는 이중성이 깃들어 있다. 고립과 자유. 육지와의 연결이 끊어진 섬은 접근이 제한적이다. 고립된 공간이기에 과거 유배지로 쓰이기도 했다. 동시에 섬은 육지의 틀을 벗어나 길들여지지 않은 자유롭고 독창적인 공간이 될 수 있었다. 우리는 섬과 같다. 육지의 소속감을 느끼고 싶으면서 때론 바다 위 섬처럼 해방감을 느끼고 싶어한다. 일상에서 벗어나 휴가를 떠나고 픈 마음이 바로 그것 아닐까.

동심이 발갛게 피어오르던 시절, 우리가 사랑하는 계절은 여름이었다. 태양빛이 작은 눈망울을 반짝이게 하고 뽀송한 솜털과 살갗 사이사이 자유의 기쁨을 새겨준 계절. 그리고 '방학'이라는 이름으로 뜨거운 설렘을 완성시켜준 계절.

돌아보니 섬과 여름은, 자유와 낭만의 햇볕 아래 서로 닮아 있다. mellow Vol.3는 여름의 섬 안에서 '멜로우 라이프'를 공유하는 반려동물과 동반자의 이야기들을 담았다. 태양 아래 웃음의 춤으로 해방된 아이의 모습을 한 그들처럼 우리 역시 낭만의 바다로 겁 없이 뛰어들 수 있기를 바라며.

디렉터 **김은진**

WELCOME TO
[YUNIVERSAL]

[LIVE] 당신을 위한 윤이버셜

글로벌 영화사 유니버설 픽처스(Universal Pictures)와 스티븐 스필버그 감독의 대표작
<이티(E.T.)>는 지구에 홀로 남겨진 외계인과 순진무구한 꼬마들의 우정을 그린 작품이
다. 주인공 소년이 우연히 만난 외계인을 집으로 데려오면서 이야기는 시작된다.
유튜브 인기 채널 <윤이버셜 YUNIVERSAL>의 출발도 그랬다. 그 앞에 고양이들이 나타
났고, 갈 곳 없는 아이들을 집에서 보살폈다. 제주를 배경으로 한 고양이들과의 일상이
시선을 끌었다. 자, 오프닝 크레디트가 올라간다. 윤이버셜 필름이 힘차게 돌아간다고
할 수 있겠다.

글·사진 김지윤 @yuniversal_cat / 에디터 박재림

고양이와 일상
이곳은 제주도

[TAKE #1] mellow 독자분께 소개 부탁드려요.

안녕하세요, 윤이버셜의 윤이입니다. 제주도에서 살고 있고요, 고양이 6마리의 집사입니다. 유튜브에 우리의 일상을 업로드하고 있어요. 보는 것을 카메라에 담고, 생각하는 것을 영상으로 만드는 크리에이터죠. 다른 분의 영상을 편집하는 일도 하고 있고요, 편의점과 카페 아르바이트도 병행하며 다양한 경험을 하고 있습니다. 먹고 살자고 시작한 일이지만 그 안에서 나름의 즐거움과 성취감을 쌓으며 살고 있어요. 새로운 삶의 시간을 쌓는 것, 경험한다는 것이 참 즐겁습니다.

전 제주에서 태어나 쭉 살고 있어요. 이곳은 다른 큰 도시들과 비교해 조용하고 사람도 많지 않아요. 크고 화려한 이벤트는 없지만, 대신 크게 괴로운 일도 없는 것 같습니다. 소소한 일상을 감사하게 받아들이려고 해요. 그 덕분에 요즘은 행복이 무엇인지 조금은 알 것 같기도 합니다.

어머니는 사지마비로 휠체어를 타고 다니세요. 그래서인지 당신의 시선은 항상 낮은 곳을 향해 있어요. 돌에 낀 이끼, 틈을 비집고 피어난 작은 들꽃 같은 걸 보며 감탄하십니다. 너무 예쁘다면서요. 어머니의 그런 모습이 참 멋져요. 어찌 저렇게 작은 것을 보고 기뻐하실까, 어머니의 눈에는 보이는 것을 나는 그동안 놓치고 있었구나, 하는 생각도 들고요. 바라건대 저도 어머니와 같은 사람이 되고 싶습니다. 아래에도 시선을 두고 귀를 기울이며 살고 싶어요.

[TAKE #2] 5월 현재 윤이버셜 구독자(약 24만 명)가 서귀포시 인구(약 18만 명)보다 훨씬 많아요. 처음 유튜브를 시작할 때가 기억나시나요?

2018년 말, 이웃집 동생이 유튜브를 시작했어요. 그 얘길 친구와 듣고 '우리도 해볼까?' 호기심이 생겼죠. 내가 좋아하는 것, 그리고 꾸준히 영상으로 담을 수 있는 게 뭘지 생각해봤어요. 고양이였죠. 휴대폰 카메라로 찍고, 휴대폰 어플리케이션으로 편집을 했습니다. 그것만으로도 충분하더라고요. 2019년 1월 <심장폭행 길고양이>라는 제목으로 첫 영상을 올렸죠.

잠도 아껴가며 정말 열심히 만들었는데 아무도 봐주지 않아

요(웃음). 그래도 마냥 신기하고 재밌었어요. 좋은 영상을 위해 몇 날 며칠을 고민하다 보면 어느 순간 아이디어가 떠올랐어요. 제 생각대로 글이 적히고 음악이 나왔죠. 작업을 할 때만큼은 스스로의 삶을 주체적으로 조율하는 기분이었습니다. 10분 남짓 영상에서만큼은 내가 나의 세상을 살고 있는 느낌이랄까.

당시 전 학생이었고, 부모님은 아프셨고, 가정에선 돈 문제와 다툼이 넘쳐났습니다. 집 주인은 우리에게 집을 빼고 나가라고 했고요. 두 발 딛고 있는 모든 곳이 불안정했습니다. 형편이 어려워 하루 종일 아르바이트만 하는 저에게 이 세상은 뭐 하나 내 뜻대로 할 수 없는 곳이었어요. 노력한다고 해서 아무것도 바뀌지 않고 나아지지도 않았죠. 마치 높다란 벽에 대고 혼자 소리치는 기분….

한 발자국도 앞으로 나아가지 못하는 무력함 속에 꾸역꾸역 하루를 살아가던 저에게 유튜브는 처음으로 느낀 자유로운 세상이었습니다. 즐겁고 행복하게 꾸준히 영상을 만들고 업로드하다 보니 어느덧 이렇게 많은 구독자가 모이셨네요.

[TAKE #3] 첫 영상부터 길고양이들을 친숙하게 대하시더라고요. 이전에도 '묘연'이 있으셨나요?

원래는 고양이를 좋아하지 않았어요. 키울 생각도 없었고요. 그런데 2018년 초, 지붕 위에서 아기 고양이 울음소리가 들렸어요. 오래된 집의 벌어진 지붕 틈 사이에 새끼 고양이들이 있었죠. 어미가 새끼를 버리고 간 것 같았습니다. 며칠 뒤였어요. 배가 고팠는지 새끼 고양이들이 지붕에서 내려와 저희 집 방충망에 매달려 있더라고요.

당시 저는 가난한 학생이었고, 반려동물을 키운다는 건 엄두도 낼 수 없는 상황이었어요. 그런데 며칠 후 마당에서 새끼 고양이 한 마리가 죽은 채 발견됐습니다. 동생이 연민을 느낀 건지 남은 고양이들이라도 데려오자고 했어요. 녀석들의 이름을 지어주고, 아르바이트 급여로 마트에서 가장 저렴한 사료 한 포대를 사왔습니다. 그것이 저희가 베풀 수 있는 전부였지만, 아이들은 잘 먹고 예쁘게 자라주었어요.

[TAKE #4] 윤이버셜 스튜디오의 '고양이 스태프'들을 소개해 주세요.

우리 첫째 '크림'이예요. 죽은 아기 고양이 옆에 남겨졌다 처음 저희 집으로 들어온 녀석이죠. 크림을 퍼먹은 것처럼 손과 입만 하얘서 붙인 이름입니다. 장남답게 동생들을 잘 챙겨요. 천성이 느긋한 아이로, 항상 눈을 가느다랗고 길게 뜨고 있답니다.

크림이를 데려온 날, 녀석을 집 안으로 옮기자마자 밖에서 고양이 울음소리가 들렸어요. 크림이가 사라져서 우는 것 같았죠. 그렇게 둘째 '치즈'도 집으로 데려왔어요. 크림치즈를 좋아하는 동생이 "크림이 다음 들어왔으니까 치즈라고 하자"고 해서 정한 이름이죠(웃음). 마침 털도 치즈색이었고요. 이름처럼 크림이랑 치즈는 늘 붙어 다녔어요. 가끔 싸울 때도 있었지만 곧 언제 그랬냐는 듯 쪼르르 붙어서 서로 핥아주고 보듬었죠. 그런데 치즈가 2020년 가을 고양이별로 갔어요. 그리운 녀석이지만 마음 한 켠에 좋았던 기억을 두고 살아갈 수 있어 감사한 마음입니다.

크림이와 치즈가 밖에 놀러가면 자주 어울려 노는 아이가 있었어요. 무섭게 생긴(?) 검은 고양이였죠. 밥 먹을 때도 데려오고 잠도 같이 자더니 결국 우리집 셋째가 되었습니다. 겉의 털 색깔이 까매서 '연탄'이라고 이름을 붙였어요. 치즈 소굴의 유일한 까망이죠.

넷째 '두부'와 다섯째 '보리'는 크림이가 어느 날부터 달고 다닌 아기 고양이였어요. 겁 많은 두부는 조그만 자극에도 동공지진을 일으키는 두부멘탈이죠(웃음). 보리는 처음 만났을 때 갈비뼈가 앙상하게 드러날 정도여서 보릿고개를 이겨내자는 의미로 이름을 붙였습니다. 막내 '하루'는 어느 날 갑자기 나타나 하루도 빠짐없이 저희 집으로 찾아와서 함께 지내고 있는 아이랍니다.

처음에는 이웃에 피해를 끼치지 않으려고 고양이들을 집 안에서만 키우려고 했어요. 그런데 이 녀석들이 다들 길냥이 출신이라 그런지 현관문을 닫아 놓으면 방충망을 찢고 물건을 떨어뜨리고 난리를 피웠죠. 이웃에 사정을 얘기했더니 감사하게도 이해를 해주셔서, 다들 중성화 수술 후 마당과 집 안을 오가며 지내고 있어요. 자유롭게 드나들도록 고양이 문도 설치했고요.

[TAKE #5] 요리 영상도 많더라고요. 혹시 고양이들을 위한 요리도 있나요?

1년 간 레스토랑 주방에서 일한 적이 있어요. 불과 기름이 넘치는 주방이라는 전쟁터에서 모든 게 어설펐던 스무 살의 저는 손에 흉터가 끊이질 않았죠. 그래도 매일 하루 10시간 넘게 칼질, 웍질을 하다 보니 자연스럽게 요리 실력이 생긴 것 같아요. 고양이와 나눠 먹는 음식이 있긴 해요. 제가 운동을 좋아해서 근

손실 방지용으로 닭가슴살을 자주 먹거든요. 일부러 소금 간을 안 하고 삶아서 고양이들과 겸상합니다(웃음).

[TAKE #6] 윤이님에게 고양이란 어떤 의미인가요?

고양이들은 제 삶의 속도와 균형을 맞춰주는 존재예요. 전 에너지의 기복이 심한 편이에요. 활활 불타오르다가 금세 번아웃이 와서 푹 꺼져버리죠. 중학생 때 장거리 달리기 선수로 대회를 뛴 적이 있어요. 첫 출전에 2등으로 입상을 하고 다음 대회도 나섰죠. 2등으로 달리는데 선두와 격차는 벌어지고 3등은 바로 뒤까지 따라붙는 거예요. 조급한 마음에 속도를 올리다 페이스를 놓쳤고 결국 꼴등으로 실격 처리가 됐어요.
언젠가 고양이들이 우다다를 하고 사냥놀이를 하는 걸 유심히 보게 됐어요. 귀를 쫑긋 세우고, 온 신경을 집중하더라고요. 그렇게 에너지 넘치게 뛰어다니더니 곧 배불리 밥을 먹고 쿨쿨 잠을 자는 거예요. 그때 그런 생각을 했어요. 고양이와 마찬가지로 사람도 자신만이 속도, 자신만의 과정이 있다고요. 일, 공부 등본인 업무에서 성과를 내는 것 중요해요. 다만 잘 먹고, 잘 자고, 충분히 휴식을 취하며 속도와 균형을 지켰을 때 좋은 결과를 얻을 수 있다고 생각합니다.

[TAKE #7] 앞으로 목표와 꿈이 궁금합니다.

주로 1인칭 시점으로 영상을 만들어요. 그냥 제가 느끼는 것을 이야기하죠. 그 영상을 본 사람들이 또 각자의 생각과 느낌을 전합니다. 누군가는 그냥 웃기고 재미있다고 하고, 누군가는 감동받았다고 하며, 누군가는 힘이 됐다고 합니다. 제가 느끼는 것들이 또 다른 누군가의 감정과 느낌을 만들어낸다는 게 참 신기해요. 앞으로도 무언가를 하는 사람이자, 그 과정에서의 느낌을 영상으로 담는 크리에이터이고 싶습니다.
운명을 믿지 않지만, 우연은 믿어요. 우연과 선택이 모여 지금의 제가 된다고 생각합니다. 과거에는 제가 선택할 수 있는 것이 없었어요. 고향도, 가정환경도, 가족도 말이죠. 지금은 달라요. 현재 제주에서 것, 하는 일 모두 제가 선택한 것들이에요. 우연히 만난 고양이 6마리가 저의 시간에 들어왔고 4년을 함께하는 사이 변한 것들이고요. 저와 고양이들처럼, 저와 주변 사람들도 서로를 선택했고, 그 결과로 현재 같은 시간을 공유하고 있어요. 4년 전 녀석들을 처음 만났을 땐 가장 싼 사료를 먹일 수밖에 없었지만, 이후 밤낮으로 일한 덕분인지 이제는 좋은 사료를 사줄 수 있는 집사가 됐어요. 앞으로도 열심히 일해서 녀석들이 생을 다할 때까지 책임을 지고 싶습니다.

I Will Be
Right Here

[YUNIVERSAL]

Fairy Garden Where The Wind Rests

글·사진 나랑 @narang.letsplantproject / 에디터 박재림

바람이 쉬어 가는 猫한 정원

목마등대로 유명한 제주 이호테우해변. 근처 비밀스런 골목으로 들어서면 이내
동화 같은 풍경이 펼쳐진다. 이국적인 나무와 꽃이 가득한 정원을 품은 소박한
독채. 낮잠 자는 고양이를 쓰다듬으며 주위를 둘러본다. 홀연히 나타난 여인, 그
에게 말을 건다.

마치 타샤 튜더의 정원에 온 것 같아요, 웰시코기 대신 고양이가 있는.

너무 맘에 드는 표현이네요. 저 역시 타샤 튜더를 좋아하고 그 할머니처럼 늙고 싶은 사람이거든요. 안녕하세요. 자연과 호흡하며 일하는 '나랑'입니다. 이곳은 독채 민박 <마이 생튜에리(My Sanctuary)>와 <두꺼비의 빛>을 아우르는 정원이에요. 제주 특유의 '안거리 밖거리(같은 주소를 사용하지만 입구가 다른, 안채와 바깥채로 분리 독립된 주거형태)' 돌집과 마당이죠.

지금으로부터 5~6년 전, 폐가나 다름없는 장소를 얻어 직접 철거하고 공사해 조경한 곳이 여기예요. 혼자 힘으로 어디까지 할 수 있나 시험을 해보고 싶었죠. '뷰티풀메스'라 이름을 붙이고 작업실, 전시회장, 숙소 등으로 활용하다 리뉴얼 공사 후로는 민박 전용으로 쓰고 있습니다. 보다 많은 분이 정원 문화를 경험할 수 있도록 말이죠. 이따금 화보 촬영지로 쓰이기도 해요.

직접 화원을 꾸미신 것도 타샤 튜더와 공통점이네요.

전공이 원예-조경이에요. 사회에서도 플로리스트, 정원디자이너(조경가), 마을계획가로 일했죠. 식물과의 연에 참 감사해요. 꽃과 나무 등 식물을 보면서, 아름다운 공간을 상상하며, 그것을 실제로 만들어내는 일을 하면서 살게 되었으니까요. 세상에 이보다 좋은 직업이 있을까요?

다만 도시에서 10년 넘게 회사 생활을 하면서 사람, 그리고 마감에 쫓기는 삶에 점차 지쳐갔어요. 인생의 주체가 내가 아닌 것 같다는 생각도 들었고요. 사회나 조직이 아닌 내 몸과 마음의 소리에 집중하며 살아보자 결심했죠. 자연물로 작품을 하는 사람이니 시골로 가야겠다고 막연히 생각하던 중 제주로 여행을 왔어요. 2014년 여름이었죠. 며칠 지내면서 사계절 내내 녹(錄)이 있는 제주라면 어디서든 일할 맛이 날 것 같다고 생각했어요. 그렇게 내려온 곳에서 9년째 살고 있네요.

'제주 정착기'가 궁금합니다.

이 섬에 오면서 본명 대신 예명 '나랑'으로 살고 있어요. 이주 직전 아는 선생님께서 지어주셨죠. 당시 조금 외로운 시기이기도 했는데 누군가 함께하는 듯한 이름이라 좋았어요. 본명으로 살던 도시에서는 사회적 위치와 주변의 시선에 너무 신경을 쓴 느낌인 반면, 제주에서는 스스로에게 집중하며 살기 때문인지 제가 온전한 저로 느껴져요.

사회인으로서 업무 자체는 변하지 않았어요. 꽃과 정원을 디자인하고, 그 문화를 나누고 교육하는 일 말이죠. 거기에 더해, 버려진 물건과 자연물로 틈틈이 작품을 만들어 바닷가 플리마켓에서 판매했어요. 쉐어하우스도 운영했구요. 그 뒤 이곳 뷰티풀메스이자 또한 두꺼비의 빛이기도 한 마이 생튜에리를 만들었죠. 이런 활동들을 모아 '심자 프로젝트'라고 부르고 있어요. 나랑 뭔가를 심자(Let's Plant)는 의미죠.

제주에서 삶은 도시와 어떻게 달랐나요?

도시에서는 알람 소리에 잠을 깼지만, 여기서는 아침 햇살과 새 소리로 하루를 시작해요. 또 이곳은 영감을 주는 요소와 작업을 위한 재료가 지천에 널려 있어요. 숲의 넝쿨과 고목, 바다의 유목과 해초… 산책을 나가면 두 손 가득 안고 돌아오죠. 재료를 수집하고 만드는 모든 과정이 명상이고, 치유이고, 기쁨이에요.

옷과 화장 등 각종 사치스러운 것들로부터 해방되었다는 것도 큰 변화예요. 타인의 시선에 상관없이 우리만의 삶을 살아가고 있죠. 또 무분별한 소비를 줄이려 노력해요. 대부분 옷과 살림살이는 빈티지로 구입하고 가구는 직접 만들어서 사용합니다. 몸을 움직여 적당히 불편하게 살고, 소비보다 생산으로 채워지는 시간에 행복을 느껴요. 세상의 속도보다는 꼼지락꼼지락 우리의 속도로 살아가죠.

그리고 우리 냥이들 얘기를 하지 않을 수가 없어요. 이곳 정원을 연 뒤로 길고양이들이 놀러 오기 시작했어요. 밥을 챙겨주니 자기 친구들도 데려오는 것 같더라구요. 곧 제 집처럼 여기는 아이들이 생겼구요. 그렇게 묘연이 시작되었습니다.

고양이들 이야기를 더 듣고 싶어요.

정원에서 살다시피 하는 아이들에게는 이름을 붙여주게 되더라고요. '치타' '아이린' '체다' '콩고' '코지' '레오' '아스카' '호랑이' '스칼렛' '달린'… 사람을 잘 따르는 애교냥이들이 유독 많았어요. 고양이들이 돌담을 무너뜨리는 경우도 있었지만 자연스러운 일이라고 생각했어요. 자연과 공존하는 공간을 원했고 포유류, 조류, 양서류, 파충류, 곤충 모두가 평화롭게 지내길 바랐거든요. 2018년 어느 여름날, 정원 입구를 나서는데 새끼 고양이 한 마리가 다가와 머리를 비비는 거예요. 몸이 앙상하고 눈병도 심하고… 상태가 좋지 않아 보였죠. 다음날 오전 그 고양이가 정원에 축 늘어져 누워있는 걸 보고 곧장 동물병원에 갔습니다. 전염병과 열사병 증상이 심하다고 했어요. 며칠 간 약을 먹이고 얼음

찜질을 하니 점점 생기를 되찾더라구요.

사실 집 안에서 반려동물을 키울 생각은 없었어요. 도시에서 살던 시절, 주인을 잃은 시츄를 잠시 돌봤는데 제대로 챙겨주지 못하고 헤어진 적이 있어요. 그때 그 아이에게 미안해서 다시는 반려동물을 들이지 않겠다고 마음먹었거든요. 더욱이 고양이털 알러지도 있었구요.

아기 고양이가 완전히 건강을 회복하면 입양할 분을 찾으려고 했는데 이 아이가 제 곁을 잠시도 떠나지 않으려는 거예요. 마음이 흔들렸죠. 결국 '바람'이라는 이름을 붙여주고 함께 살기로 했어요. 'A home without a cat is just house'라는 말이 있잖아요. 실내와 정원을 자유롭게 오가며 지내는 바람이를 보며 절실하게 공감했어요.

바람이와 추억이 많으시겠어요.

해맑은 바람이는 정원에서 시간 보내는 걸 정말 좋아했어요. 마구마구 뛰어서 야자수 꼭대기까지 올라가서는 저를 바라보곤 했죠. 마치 '누나! 나 좀 봐, 여기까지 올라왔어'라고 말하듯. 정원을 찾는 다른 길고양이들에게도 친절했어요. 단 한 번도 샘을 부리는 걸 본 적이 없어요. 어디선가 놀고 있다가도 "바람아~" 부르면 "야옹"하고 달려오는 똑똑하고 착한 냥이기도 했답니다.

차 타는 것도 좋아해서 외출할 때마다 조수석에 태우곤 했어요. 그러면 바람이는 운전하는 저를 신기하게 쳐다봤죠. 제가 직접 만든 낚싯대 장난감, 침대 위로 폴짝 뛰어올라 제 팔을 베고 골골대며 자는 걸 좋아하는 아이였어요. 제가 목욕을 할 때면 욕실에 따라 들어왔다가 물에 함뿍 젖기도 했고요.

가장 외롭고 힘들 때 위로를 주고, 인생의 가장 행복한 순간을 함께한 소중한 고양이…. 바람이는 지난해 여름 급성폐렴으로 하늘의 별이 되었어요. 병치레가 잦았던 아이였는데 그 아픔을 제대로 공감해주지 못한 것 같아 너무 미안했습니다. 바람이를 떠올리면 하루에도 몇 번씩 숨이 잘 쉬어지지 않아요. 먹먹한 마음으로 휴대폰 속 바람이 사진만 어루만지며 보낸 나날이 벌써 1년째네요. 이제야 조금씩 바람이와 추억을 이야기할 수 있게 된 것 같아요.

바람이 뿐 아니라 정원을 드나들던 몇몇 길고양이들도 작별했어요. 아이들 덕분에 행복한 기억도 많지만, 언젠가 맞이할 수밖에 없는 이별이 아파요. 바람이가 너무 보고 싶어요. 먼 곳으로 떠난 아이들이 그리워요.

시린 아픔에도 인생은, 묘생은 그저 흘러갑니다.
제주에 온 뒤 사회의 변화와 흐름과 관계없이 내가 좋아하는 것, 하고 싶은 것, 잘할 수 있는 것에 집중하며 살고 있어요. 그러면서 남편을 만났고, 바람이를 비롯한 많은 고양이를 만났고, 창작의 영감(靈感)을 만났죠. 지난해 봄, 정원에서 남편과 고양이들과 봄 햇살의 품에 안긴 순간은 인생 최고의 행복으로 남았어요.

앞으로도 지금처럼 살고 싶어요. 세상 모든 생명체와 더불어 살아가는 공간을 꿈꾸며 말이죠. 마음을 다독이고, 때론 흥분시키며, 자연과 조화를 이루는 삶을 완성시켜줄 안식처를 만들고 싶어요. 자신 있습니다. 언제나 저를 응원하는 가족이 있고, 그 시절 바람이처럼 제 뒤를 졸졸 따라다니는 고양이 '샬롯'과 정원 냥이들이 있고, 하늘에서 지켜보고 있을 바람이가 있으니까요.

YOU AS YOU ARE

글·사진 김주란 @soongu_salgu / 에디터 박조은

그대는 그대로

제주는 나에게 치유의 섬이다. 가족으로부터 멀리 도망치기 위해 떠난 섬이자 내가 선택한 가족, 내가 선택한 집이 있는 곳.

'내가 선택한 가족'이란 표현이 인상적이에요.
처음에는 내가 선택하지 않은 원래 가족으로부터 벗어나 독립을 하는 게 목표였어요. 나만의 가족을 이룬다는 생각까지는 못 했었죠. 그러다 6년 전 우연히 고양이 '순구'를 만났고, 순구로 인해 고양이의 세계에 눈을 떠 그 뒤로 '살구'와 '탱구'까지 입양하게 되었어요. 혼자서는 불가능했을 고민과 결정은 모두 당시 남자 친구이자 현재 남편인 '섭이'의 지지로 가능했어요. 결혼 후에는 길에서 구조한 강아지 '방구'까지 지금은 여섯의 대가족을 이루었네요. 작은 우연과 선택들이 모여 가족이 생기고, 제주에 정착을 하고, 지금은 우리의 집을 지어 함께 살고 있습니다.

함께 사는 아이들 모두 특별한 사연을 가지고 있어요.
순구는 고양이의 '고'자도 모르던 시절에 만났어요. 일하던 사무실에서 키우는 고양이를 처음 만나고 나서 그 작은 몸이 나눠주는 온기와 알 수 없는 뭉클함에 매료되었거든요. 그러다 우연히 들린 펫숍에서, 발랄한 아기 고양이들 사이에 혼자 쭈그린 채로 벌벌 떨고 있던 순구를 만났어요. 그때 순구를 지나치지 못한 게 인생의 터닝포인트가 된 것 같아요. 데려 온 다음날부터 설사를 시작했고 각종 바이러스를 달고 있어서 1년 정도는 주 2-3회씩 병원을 다녔어요. 죽을 고비를 여러 번 넘기며 버텨준 덕분에 아저씨 고양이가 되었죠. 물론 이제는 펫숍이 어떤 곳인지 잘 알고 보호소 입양을 적극 권하지만, 그날 그곳에 들어가 순구를 데려온 무모함에는 일절 후회가 없을 정도의 행복을 느끼고 있습니다. 매일매일 말이에요. 눈 하나가 없는 살구는 SNS에서 홍보 글을 본 뒤로 두 달이 넘도록 아무도 데려가지 않아서 입양을 결심하게 됐어요. 그땐 섭이와 결혼을 앞두고 있어서 둘이 살면 살구까지 충분히 키울 수 있겠다 싶어 입양 신청을 했지만, 살구를 만나기 직전 파혼하게 되어 저 혼자 순구와 살구를 키우게 되었죠. 그래서 지금의 인스타그램 아이디가 순구와 살구예요. 둘이 싸우는 일 잦아 티격태격하는 순살네가 더 유명해진 것 같아요.

제주도에 와서 건강을 조금 회복하고 혼자 자리를 잡은 지 2년 정도 지났을 때였어요. 두 눈이 없는 탱구의 사정을 듣고 임시보호를 하게 되었어요. 탱구는 태어났을 때부터 안구가 생성되지 않은 케이스라고 해요. 외국에는 눈이 없는 고양이들을 어떻게 키우는지에 대한 자료가 많았지만 당시 한국은 그런 자료가 전무했어요. 기왕 눈이 없는 고양이에 관한 공부도 했고, 조심해야 하

는 것들도 다 익혔고, 무엇보다 너무 귀여워서… 짧은 시간 동안 저를 향한 애착을 숨김없이 보여주는 발랄한 탱구를 보낼 수 없어 입양하게 됐어요. 입양한 지 얼마 안 됐을 때 탱구가 2층에서 떨어져 다리가 부러지는 사고가 났어요. 큰 수술비가 들면서 프리랜서의 삶에 회의감이 들었고, 고정적인 수입을 고민하다 민박을 준비하게 됐어요. 그러면서 자연스럽게 섭이와 다시 결혼 얘기가 나왔고… 아무튼 탱구의 입양으로 결혼과 직업이 바뀌며 제주에 완전히 정착하게 된 터라 의미가 커요. 사람을 잘 만나지 않는 편이라 고양이로 인해 삶을 바라보는 태도가 바뀌고 가치관도 조금씩 변하는 게 재밌어요.

결혼하고 제주에 정착한 지 얼마 안 되었을 무렵, 남편이 동네 편의점 앞에서 만난 다리 없는 강아지의 영상을 보여줬어요. 사람이 다가가면 무서워서 찻길로 뛰어들더라고요. 마음이 쿵 했어요. '매일 오가는 이 길에 저 아이가 죽어 있는 걸 보면 감당할 수 있을까?'라는 생각이 들었죠. 다리라도 치료해 주고자 구조를 결심했고, 임시보호까지 하게 되었어요. 아픈 다리에 붕대도 감겨보고, 신발도 신겨보고, 산책도 시켜보고… 그렇게 정이 들어 두 달 만에 입양하게 되었네요. 집순이인 제가 방구 덕분에 산책이란 걸 해보며 수년간 몰랐던 동네를 구석구석 다니기 시작했어요. 일과 체력을 핑계로 못 가던 오름도 가보고, 바다도 거닐고, 방구 덕분에 진짜 제주를 누리게 되었죠. 1년 반 동안 마당과 현관을 오가다 보니 고양이들과 자연스럽게 합사가 되었어요. 슬며시 집안까지 들어와 살구에게 한 대, 순구에게 한 대씩 맞고 확실하게 정리된 서열로 순살탱방이 한 공간에서 지내게 되었답니다. 아, 방구의 이름은 '산방산' 앞에서 구조했고, '구'자 돌림자를 써서 '산방구'입니다. 뿡뿡하는 방구 아니에요!

고양이를 통해 큰 용기와 위로를 받으신다고 들었어요.
지병으로 후유증을 달고 살아요. 기온의 영향을 많이 받아 여름이면 건강한 편이고 가을과 겨울은 좀 어렵고 그래요… 괜찮을 때가 있고 힘든 날이 있는데 요즘은 안 좋은 시기예요. 특정 부위들이 저릿해지며 내 주변의 중력만 10배는 세진 것처럼 몸이 무겁고, 힘과 관절이 약해져 칫솔조차 잡히지 않기도 하고요. 원인도 알 수 없고 치료법도 없는 난치성 희귀병이라 아플 때는 그저 버티는 수밖에 없어요. 통증이 심한 날은 집 밖은커녕 아래층에 내려가기도 어려운데, 그럴 땐 그냥 누워서 울기만 해요. 할 수 있

는 게 없으니 그냥 죽는 게 낫지 않을까 싶은 순간도 있어요. 그럴 때 구세주처럼 고양이가 나타나죠. 순구는 다가와 박치기를 하고, 살구는 배 위에 올라와 힘껏 꾹꾹이를 해주고, 탱구는 옆에 누워 제 팔이나 다리를 베고 자요. 몸을 더 아프고 불편하게 만드는 행동이라 곡소리를 내면서도 동시에 웃게 돼요.

누가 그러더라구요. 고양이는 정신과 의사고, 강아지는 외과 의사라고. 그게 진짜 맞거든요. 죽지는 않지만 고통으로 삶을 포기하는 비율이 높아 항우울제만 처방해 주는 병을 처음 진단 받았을 때, 혼자 화장실도 겨우 걸어갈 때, 한 발 한 발 따라와주는 순구가 곁에 있어 버텼어요. 파혼 후 크게 아팠을 때는 이렇게 삶이 끝나는구나 싶었는데 내 몸을 밟고 다니며 보란 듯이 싸우는 순구와 살구 덕에 나쁜 생각을 할 겨를이 없었어요. 지금은 책임져야 하는 것들이 많아져서 아픈 날에도 천천히 움직이며 일을 해요. 이런 상태로도 가족에게 도움될 수 있는 일을 갖고 있어서 다행이다 싶어요. 순살탱방은 그런 존재예요.

제주에 나무집을 짓고 살고 계시잖아요. 그것도 귤밭 한가운데 있는 아름다운 집이요.
예전에는 프리랜서로 영어 가르치는 일을 했었는데 아픈 날에 쉬다 보니 수입이 일정하지 않았어요. 혼자서는 살 만했지만 탱구의 수술을 겪으며 안정적으로 살고 싶어졌어요. 그래서 결혼식, 신혼여행, 예물 예단 등 모든 걸 생략하고 있는 돈 없는 돈을 끌어 모아 작은 집이 딸린 귤밭을 구매해서 민박을 운영하기 시작했죠. 그러다 방구를 구조하게 되었고, 방구를 키우려면 마당이 필요하니 고민 끝에 숙소 옆에 우리 집도 짓게 되었어요.

원래는 대출을 좀 갚고 몇 년 뒤에 지으려고 계획했는데 방구 덕분에 앞당겨진 거죠. 민박과 귤밭을 제외하고 우리 집을 지을 수 있는 공간은 13평의 작은 땅뿐이었어요. 우리 가족의 생활 패턴과 동선, 그리고 앞이 안 보이는 탱구의 안전을 고려해 제가 직접 설계 했어요. 자주 다투는 순구와 살구의 공간 분리를 위해 다락에 캣도어와 캣워크를 만들었어요. 평생 벽에 못을 맘대로

못 박는 게 한이었는데 내 맘대로 방문에 구멍을 뚫고 캣도어를 설치할 수 있어 기뻤답니다. 여름에도 전기매트를 놓지 못 하는 몸이라 단열이 잘 되는 따뜻한 목조주택으로 지었어요. 하루 종일 햇빛을 받을 수 있게 20개가 넘는 창을 내고 보통 집보다 촘촘하게 보일러를 깔았죠. 비록 작은 집이지만 기초와 방수에 큰 예산을 쓰고 창고와 화장실에도 보일러를 깔았어요. 제주는 습기와 바람이 심한데, 부실하게 지은 집이 정말 많아서 벽에 곰팡이가 피는 건 기본이고 누수도 빈번하거든요.

시공사에 맡기지 않고 저와 섭이, 그리고 목수 두 분이 직접 지었기 때문에 모든 부분에 관여할 수 있어서 좋았어요. 탱구가 외부의 소리와 냄새를 누릴 수 있도록 작은 발코니도 만들었어요. 눈이 보이지 않는 고양이에게 잠깐의 외출이 삶의 질을 높여준다는 이야기를 들었거든요. 예상 외로 순구와 겁 많은 살구까지 좋아해서 가장 뿌듯한 공간이에요. 아, 고양이 털로부터 보호 받아야 하는 옷방과 세탁실, 그리고 화장실을 따로 분리했는데 살아

보니 꽤 편리하더라고요. 귤밭 나무집으로 이사한 후 2년 가까이 아프지 않았어요. 지난해 이런저런 예상치 못한 일들로 스트레스가 엄청났음에도 몸이 버텨준 게 늘 신기했는데, 아무래도 따뜻한 집과 고요한 주변 환경 덕인 것 같아요.

다른 아이들과 조금 다르다고 해서 특별히 일상이 다르진 않잖아요. 계단도 잘 오르내리며 신나게 뛰어 놀고요.
살구는 눈이 하나 없고, 탱구는 태어나 세상을 본 적이 없고, 방구는 발 하나가 잘린 채 살아가지만, 우리 집에서 가장 손이 많이 가는 건 순구예요. '눈이 제일 많은데 손은 제일 많이 가는 순구형'이라는 별명이 있을 정도로 부족한 게 많거든요. 순구는 스코티시폴드의 유전병 '골연골이형성' 때문에 꼬리가 짧고 뭉툭해요. 그래서 보통의 고양이만큼 꼬리로 감정을 읽기는 어려워요. 하지만 목소리와 박치기, 발짓으로 의사 표현을 명확하게 한답니다. 특히 박치기를 하면서 '밥 먹으러 가자' 혹은 '이 문 좀 열어줘'라는 표현을 많이 하죠. 태생이 외동 고양이라 살구와 탱구가 가까

이 다가오면 바로 하악질을 하고 발길질로 쫓아내는 것도 매일 볼 수 있는 광경입니다. 그렇게 바로 바로 표현해주는 게 저희 입장에선 고마워요. 살구는 어릴 때부터 눈이 하나인 상황에 적응을 한 건지 혹은 저렇게 태어났는지 일반적인 고양이들과 다르게 전혀 없어요. 짧은 꼬리를 가진 순구, 탱구와 달리 유일하게 긴 꼬리를 가지고 있어서 균형도 제일 잘 잡고요. 거실 천장 위를 가로지르는 캣워크를 유일하게 사용할 줄 아는 고양이가 살구예요. 꼬리 표현으로 감정도 읽을 수 있어서 우리 집에선 거의 유일한 고양이 축에 속해요. 두 눈이 없는 탱구는 특히나 더 요구가 많은 성격이에요. '배고파. 놀아줘. 화장실 치워. 내려줘. 창문 열어줘' 등 끝없이 말을 해요. 덕분에 집안이 늘 시끄럽죠. 고양이는 수염

으로 장애물을 피하고 냄새와 소리로 상대가 어디에 있는지 언제 나갔는지도 알 수 있다는 다큐멘터리를 봤어요. 사실인 것 같아요. 탱구도 눈은 안 보이지만 집안을 돌아다니는 데 큰 문제가 없거든요. 처음엔 걱정이 돼서 계단을 못 올라가게 막고 1층에서만 생활하게 했었어요. 그런데 워낙 호기심이 강한 아이라서 순구와 살구도 못 지나가는 가림막을 뚫고 계단을 올라가더라구요. 인간의 관점으로만 바라봤던 거였죠. 다만 내려오는 게 서툴러 내려가는 방법을 익히게 도와줬어요. 지금은 식탁과 캣타워까지 오르내릴 수 있게 됐어요. 집에서 우다다하며 뛰어다녀도 아무 문제가 없답니다.

순살탱방네 일상을 많은 분이 좋아하세요.

처음엔 인스타그램을 개인 계정으로 운영했어요. 그러다 순구를 만났고, 순구와 산책과 캠핑을 다니는 모습을 올리면서 주목받은 거 같아요. 그땐 고양이를 잘 몰라서 집 밖을 돌아다녔거든요. 순구가 워낙 개냥이라 차에서도 잘 자고 텐트에서 꾹꾹이도 해주는 평범하지 않은 모습을 보여줬어요. 눈이 하나 없는 살구를 입양하며 팔로워가 늘었고, 순살이와 털을 튀기며 싸워서 또 입소문을 탔죠. 생각해보면 현실도피용으로 인스타그램에 집착했던 것 같아요. 파혼과 병으로 몸과 마음이 많이 힘들 때였거든요. 아파서 누워만 있으니 포스팅을 하루 10개 이상씩 올렸어요. 그저 내 고양이가 귀여워서 올리는 것뿐이었는데 사람들이 좋아해 주

고 재밌어 해주니까 나쁜 생각도 덜 하게 되더라고요. 많은 사람이 순살이 사진을 보면서 위로를 받으셨대요. 제가 아픈 날은 또 힘내라고 따뜻한 말씀을 해주시고요. 지속적으로 위로를 받고 있어요. 누군지도 모르는 사람들에게. 늘 고맙고 감사하죠. 수만 명의 사람들이 내 인스타그램을 보고 있다는 게 별로 실감은 안 나요. 일상에는 큰 영향을 끼치지 않는, 그저 앱에 표시된 숫자일 뿐이잖아요. 다만 좋은 기능도 있어요. 제주에 내려오고 불안장애가 한창 심해져서 심리치료에 의존하며 밖에 나가지 못하던 시기가 있었어요.

현실은 시궁창이었지만 인스타그램 속의 투닥거리는 순살이는 마냥 귀여웠죠. 그 작은 순간을 포착해 인스타그램에 담아두고

남의 것인양 바라봤어요. 내 삶에 이런 순간도 있다고, 우울하지만은 않다고. 그런 모습이 전부는 아니지만, 또 거짓말도 아니니까 위로가 되더라고요. 요즘은 제가 일상에서 좋아하고 위안 받는 것들에 같이 위로를 받는 분들도 많은 것 같아요. 햇살과, 노을, 창밖의 나무들과 새 소리 같은 거요.

집 앞의 고양이들도 챙겨주고 계세요. 마당냥이들에게 마음 많이 써 주시는 것 같아요.

순구를 만나기 전에는 길에 고양이가 산다는 사실을 모를 정도로 관심이 없었어요. 신기하게도 순구를 만나고 나니까 길 위의 고양이들이 눈에 보이더라고요. 하루 종일 할 일 없는 환자가 되어 저 자신을 세상 쓸모없는 인간이라고 여기던 때가 있었어요. 스스로의 쓸모를 찾기 위해 집 앞에 사는 길냥이들에게 밥을 주기 시작했죠. '나 오늘 이거라도 했다. 그래도 저 고양이의 한끼 식사는 챙겼다'라고 생각하게 되었어요. 작은 햇반 그릇에 사료를 담아두고, 그걸 먹는 고양이를 쳐다보는 게 어찌나 짜릿하던지! 강사로 일하던 대학교의 캠퍼스 고양이들 밥도 챙겨주게 되고, 그 밥을 뺏어 먹던 들개들도 챙기게 되고, 오다 가다 만나는 고양이들에게 캔을 따주게 되고, 들개들 입양도 보내게 되고… 그러다 자주 출산하는 어미 고양이가 눈에 밟혀 TNR까지 하게 됐네요.

저는 밥만 조금 주려고 했던 거였고 어떤 고양이를 책임지거나 구조해서 입양 보낼 생각은 전혀 없었어요. 고양이 세 마리로도 벅찼거든요. 다른 고양이로 인해 순살탱이 스트레스를 받거나 아프게 되는 일은 절대 없게 할 거라고 다짐하고 시작한 일이기도 하고요. 자연에 사는 고양이들이 불행한 것도 아니고, 제가 아이들의 관계에 끼어들어도 안 되는 것 같았어요. 그래서 처음 TNR을 할 때 많이 고민했어요. 시청 축산과에 신청을 해놓고도 '이게 맞을까? 내가 이렇게 큰 수술을 결정해도 되는 걸까? 길에 사는 아이의 몸에 손을 대도 되는 걸까? 어디까지 책임질 수 있을까?' 하는 많은 생각이 들었어요. 그럼에도 자기 자식들보다 덩치가 작아 아들의 발정기에 짓눌리는 대상이 되는 어미 고양이를 그냥 두고 볼 수가 없어 TNR을 시작하게 되었네요. TNR을 받은 고양이는 자리 싸움에서 밀려 난대요. 그래서 하려면 주변 고양이들을 모조리 다 해야 한다고 해요. 그래서 이전에 살던 집에서 2년 넘게 밥 주던 아이들을 모두 수술했고, 지금 살고 있는 십의 마당 아이들도 모두 수술을 했어요. 고양이에게 밥을 주는 것이 고양이를 위한 최소한의 일이라고 생각했지만 밥만 주고 등을 돌릴 순 없었던 거죠. 내가 밥을 챙겨줌으로써 저 아이는 점점 야

생성을 잃고 내가 주는 밥에 기대게 되고, 수술까지 시켰으니 여기가 아닌 다른 곳에서는 영역 싸움에서 밀려나게 될 테니까요.

벌써 7년차네요. 제주에 오고 고양이 밥을 챙겨준 지도. 도시 기준으로는 길냥이지만 이곳에서는 '자연에 사는 고양이'가 더 어울릴 것 같아요. 우리 가족은 태풍이 올 때마다 겁을 먹는데 제주에서 나고 자란 고양이들은 알아서 잘 숨어있다가 다시 뿅하고 나타나요. 새를 잡아먹고 뱀과 쥐를 갖고 노는 야생의 동물임에도 저와 눈을 맞추고 간식을 달라고 애옹거릴 때면 순살탱과 다를 게 없어요. 날이 춥다고 눈이 온다고 불쌍하다고 하시는 분들도 있지만, 이곳 아이들이 눈 갖고 노는 모습을 보면 그 걱정조차 인간의 오만이라는 생각을 하게 됩니다.

아이들과 함께하는 제주는 작가님께 어떤 의미인가요?

제주는 저에게 치유의 섬이죠. 원래 가족으로부터 멀리 도망치려 떠난 섬이자, 내가 선택한 가족과 정착한 곳이니까요. 남편과 종종 얘기했어요. 우리는 제주가 아닌 어느 시골에 살았어도 지금처럼 행복했을 거라고. 함께라면 어디든 좋았을 것 같다고요. 그런데 얼마 전 통영으로 여행을 다녀오면서 생각이 조금 바뀌었어요. 겨우 이틀 여행하고 돌아왔을 뿐인데 제주에 돌아오니 '아, 이 섬이 내 집이구나' 싶더라고요. 겨울에도 푸르른 이곳이 나고 자란 고향처럼 편안하고 포근했는데 신기하게도 남편도 같은 감정을 느꼈다고 해요. 제주에 오지 않았다면 방구를 만나지 못했을 거고, 이런 그림 같은 풍경을 보며 숲으로, 바다로 산책하는 것도 상상조차 못했겠죠. 당장 우리가 가족이라는 말에 코웃음치는 사람도 많을 것 같아요. 저희 아빠와 할머니가 그러시거든요. "사람 새끼는 안 낳고 뭐 하는 거냐" "동물이 무슨 가족이냐" 하시죠. 처음부터 계획한 건 아니지만 우리가 옳다고 믿는 방향으로 가다 보니 어느덧 여섯 식구가 되었고, 하루하루를 서로와 순살탱방을 위한 시간들로 채우며 살고 있어요.

지금의 우리가 정말 좋아서, 이 일상을 지키는 게 꿈일 정도로 충분한 삶이에요. 순살탱방이 우리에게 어떤 의미냐구요? 사랑하는 사람을 닮은 2세를 만나고 싶은 마음까지 넘어섰다고 하면 답변이 될 것 같아요. 남편에게는 미안한 말이지만 저는 죽기 전에 마지막으로 순구가 떠오를 것 같아요. 인간에게 첫 고양이는 경험해 보지 않으면 알 수 없는 여러모로 대단한 존재거든요. 아이들의 시간이 다해서 하나, 둘, 우리의 곁을 떠난 후에도 이 마음은 변함없을 것 같아요.

Let's Find The
Mellow Time

유채로운 시간을 찾아서

돌담길 너머, 밖에서는 잘 보이지 않는 아담한 마당에 고양이 한 마리가 볕을 쬐며 쉬고 있다. 이곳의 시간만 멈추기라도 한 걸까. 낯선 여행자들이 문을 열고 들어와서야 이 공간이 움직이는 듯하다. 하지만 그것도 잠시, 다시 시간은 느려진다. 이곳에 머무는 이들은 이를 '유채롭다'라고 말한다.

글·사진 조은희 @jeju_e_naezib / 에디터 강해인 작가님, 안녕하세요. '여행'과 얽힌 이야기를 많이 갖고 계신 것 같아요. 자기소개 부탁드립니다.

저는 제주 서쪽 끝 '고산리'라는 해넘이가 예쁜 마을에서 작은 민박집 <제주에내집>을 운영하는 조은희라고 합니다. 2013년 가을, 서울서 제주에 내려왔으니 올해로 벌써 9년째네요. 서울에선 마케터로 일했고, 퇴사 후 중남미를 반 년 여행 했습니다. 그리고 뉴욕에서 반 년 더 있다 돌아와서 <여행의 이유>라는 책을 내고, 여행작가로 활동하기도 했어요.

여행자이면서 '유채'라는 고양이의 집사로도 활동 중이세요. 여행과 고양이는 조금은 특별한 조합일 수도 있는데, 유채와는 어떻게 함께하게 되었을까요?

2014년 오픈 이후, 민박집에 길냥이의 발길이 끊이지 않았어요. 한 번 들어온 고양이들이 눌러살기도 했죠. 사실 저는 10년 넘게 함께한 '고게'라는 고양이가 있었어요. 제주도로 온 이듬해에 사고가 있어, 몇 개월 투병하다가 결국 무지개다리를 건넜죠. 고게가 처음이자 마지막 고양이라고 생각해서 다시는 반려동물을 두고 싶지 않았습니다. 그 끝을 겪어야 할 것이 두려웠어요.

그러다가 2018년 생후 4개월 정도로 추정되는 아깽이가 마당에 들어왔습니다. 그 당시 투숙하고 있던 학생들 팀명을 따서 유채라는 이름을 붙여줬죠. 이 아이가 점점 클수록 밖에서 영역 싸움을 하는지 다쳐서 오더라고요. 보기에 안쓰러워 실내로 들여, 며칠 못 나가게 하고서 치료를 해주고는 했어요. 그렇게 실내 생활과 외출을 병행하는 고양이로 몇 년을 지냈죠. 이때까지도 유채를 완전히 받아들이지는 못했어요. 하지만 점점 더 크게 다쳐서 오니 결정을 할 수밖에 없었죠. 고게가 떠난 후 유독 무서웠던 동물병원에 가는 것부터 저에겐 도전이었습니다. 동네의 다른 집사분과 함께 방문해서 중성화 수술을 받았고, 그날부터

유채는 가족이 되었죠. 길 생활을 4년 가까이 한 녀석이라 걱정했는데, 워낙 천성이 순하고 조용해서 실내 생활에 잘 적응했어요. 중성화 후엔 외출 욕구가 크게 줄어들었는지, 볕이 좋은 시간에 마당에서 낮잠을 자는 정도죠. 밤에는 저와 한 이불 덮고 자구요. 유채는 손님이 오면 슬쩍 다가가고, 만져주면 '멍멍'하고 짖으며 좋아할 것 같은 개냥이랍니다. 유채가 너무 사랑스럽고 함께 지내는 게 포근해서 왜 그리 오래 고민했나 싶어요.

고양이는 우리를 위로하는 힘이 있잖아요. 유채는 작가님에게 어떤 존재일까요?
유채는 다른 어떤 고양이보다도 침착하고 순해서, 보고 있으면 정말 마음이 편해져요. 한 번은 이런 일도 있었답니다. 유채가

마당냥이던 시절, 태풍이 부는 날 실내로 들인 적이 있어요. 유채는 다른 고양이들보다 소리에 민감하지 않고 호기심도 별로 없는 편이라 밖이 태풍으로 난리인데도 평온히 잠만 잘 자더라고요. 덕분에 저도 편안한 마음으로 보낼 수 있었죠. 유채가 걱정되어서 실내로 들인 건데, 오히려 제가 큰 안정을 얻었던 거예요.
첫 고양이 고게가 떠났을 때 깨달은 게 있어요. 소중한 것이 언제까지나 무한히 곁에 있어 주지 않는다는 걸 말이죠. 고게의 자리는 언제까지나 그대로일 거예요. 유채는 더는 무엇도 비집고 들어올 수 없을 것 같았던 제 마음에 새로운 공간을 만들어주었습니다. 그래서 유채는 저에게 정말 소중한 존재예요.

여행자로서 오랜 시간 많은 곳을 다니셨는데, 특별히 제주 고산리를 선택하신 이유가 있을까요?

'오랜 시간 많은 곳.' 그게 굉장히 오래 전 이야기처럼 느껴지네요. 많은 사람이 제가 도시가 싫어서 시골로 왔다고 생각하지만, 오해입니다. 그저 직장에 매이지 않는, 조금 더 자유로운 삶을 살고 싶었던 거예요. 그런 점에서 서울에서 사는 건 힘들겠다고 생각했죠. 그래서 자주 여행을 오던 제주도로 이주하기로 마음먹었어요. 이후 제주도 어디에서 살지 고민하면서 이 마을 저 마을을 걸었습니다. 고산에 처음 발이 닿았는데 어떤 지역보다도 편안한 느낌을 받았어요. 섬에서 보기 힘든 넓은 평야 때문에 그랬을까요. 계절마다 다른 색을 가진 밭들 사이를 걸어서 해가 지는 바다까지 산책할 수 있다는 것도 너무 좋았고요. 거기다 고산은 서쪽 끝이라 매일 다른 일몰을 볼 수 있답니다.

여행과 정착, 그 두 가지 매력이 공존하는 곳이 민박인 것 같습니다. 이곳은 어떤 계기로 시작하셨나요?

'여행과 정착, 두 가지가 공존한다'는 말에 정말 공감해요. 지금보다 젊었던 시절의 저는 늘 떠도는 것 같았습니다. 정착하고 싶은 마음은 있는데, 어느새 자꾸 떠나게 되더라고요. 당시 블로그에 그런 글을 쓴 적이 있어요. '내 자리에서 여행하는 사람들을 만나며 살고 싶다'고요. 그렇게 게스트하우스를 운영하는 걸 막연히 꿈꿨고, 주변 친구들도 너무 어울린다며 그 꿈을 응원해줬죠. 당시 친구들 사이에서 저희 집은 이미 게스트하우스로 통했어요. 친구들이 놀러 와서는 자주 묵고 갔죠.

민박을 운영하면서 여행을 덜 떠나게 되었어요. 직장보다도 이 일에 더 매이는 건가, 싶기도 한데 그보다는 떠나고 싶은 생각이 예전만큼 들지 않아요. 여행을 떠나온 이들을 만나다 보니 저도 여행하듯 사는 거 같기도 합니다. 아무튼 저는 어느새 같은 자리에서 떠나온 사람을 기다리는 사람이 되었어요. 물론 마음이 맞는 손님과는 함께 여행하기도 해요. 그 분의 여행에 동참하는 거죠. 장기로 묵는 손님이 계실 땐 유채를 부탁하고 육지로 여행을 가기도 합니다.

유채는 민박집에서 많은 여행자와 만날 것 같은데, 어떤 역할을 하고 있나요?

유채는 이곳에서 평화와 안정, 즉 '힐링'을 담당하고 있어요. 그래서 손님들은 '유채롭다'라는 신조어를 만들기도 했답니다. '유채로운 아침' '유채로운 시간'··· 앞서 말했지만, 유채는 호기심이 적고 매사에 큰 욕구나 집착이 없어요. 이 자리에 있다가 저자리로 옮겨주면 '그렇구나'하고 그 자리에서 자는 식이죠. 배가고파도 조르지 않고 조용히 밥그릇 앞에서 기다려요. 나가고 싶을 때도 문 앞에서 밖을 바라보며 가만히 앉아있을 뿐이죠. 그런 유채를 보며 무언가에 집착하는 저를 돌아보고 반성하게 됩니다. 정말 아무것도 하지 않고 유채만 쳐다보고 있을 때도 많아요. 물론 유채도 아무것도 하지 않고 있죠. 그런데 그게 그렇게 마음이 편안할 수가 없어요.

작가님도 여행 중에 타지에서 고양이를 만나본 경험이 있으실 것 같습니다. 여행자에게 고양이는 어떤 에너지를 줄까요?

제가 집사인 걸 고양이들이 아는지 여행을 가는 곳마다 길냥이들과 금세 친해지는 편이에요. 고양이가 있는 숙소들을 우연히 혹은 부러 찾기도 합니다. 오래 전 태국 북부의 육로를 거쳐 라오스로 건너간 적이 있어요. 시간대가 아슬아슬하게 맞지 않아서 국경을 넘지 못하고 '치앙콩'이라는 국경 마을에서 묵을 수밖에 없었죠. 그때 게스트하우스에 있던 고양이가 새끼를 다섯 마리나 낳았더라고요. 그 아깽이들 눈 뜨는 거 보고 가겠다고 일주일가량은 더 머물렀어요. 물론 핑계였습니다. 그 마을에 더 머물고 싶은데, 스스로 정한 기한이 '아깽이들 눈뜰 때까지'였던 거죠.

고양이는 여행자에게 '게으를 수 있는' 핑계가 되는 것 같아요. 우리가 일상을 열심히 살다가 쉬려고 여행을 오지만, 막상 아무 것도 안 하면 왠지 모를 죄책감 같은 게 또 올라오잖아요. 그럴 때 고양이를 보면 '아, 저런 생명체도 있구나' 깨닫게 되는거죠. 그래서인지 저희 민박에 오셔서 아무것도 안 하시는 분들이 많아요(하하).

앞으로 유채, 그리고 여행자들과 어떤 시간을 공유하고 싶으신가요?

유채를 보고 있으면 충만한 행복감과 동시에, 두려운 감정이 저도 모르게 올라와요. 언젠간 끝이 있는 걸 아니까요. 그래도 지금 좋으니 그걸로 충분하다고 생각해요. 유채가 아니었으면 제주에서 이렇게 잘 지낼 수 있었을까 싶기도 하고요. 제주에 살면서 한 번씩 슬럼프 같은 걸 겪었는데, 요즘은 정말 다 좋은 것 같아요. 유채 덕분이라고 생각하죠.

저와 여행자들이 유채로운 시간을 보내는 것처럼 유채도 여기서 지내는 동안 다 좋았으면 좋겠어요. 너무 순해서 의사표현도 잘 하지 않는 편이지만, 여기 오는 여행자들에게 사랑받는 걸 무척 좋아해요. 점점 '관종'이 되어 가고 있는 것 같기도 하고요. 아, 요즘은 잇몸이 좋지 않아서 걱정입니다. 그래도 물을 잘 먹고 양치도 잘하고 있으니 아프지 않고, 오래 오래 함께 지냈으면 좋겠어요.

제주의 하루는 꿈처럼 빛나지

제주도 푸른 밤 달빛 아래, 마당 한편에 가족과 함께 둘러앉아 작은 모닥불을 피운다. 일렁이는 불꽃을 멍하니 바라보며 특별했던 오늘 하루를 마무리한다.

글·그림 송리영 @mel_amused / 에디터 박조은

탐라는 도다

아침부터 찌뿌둥한 허리 때문에 정신없이 하던 일을 멈췄다. 나를 따라 기지개를 켜는 우리 집 까만 고양이. 소파에서 여유롭게 뒹굴거리는 홍삼이를 바라보니 웃음이 새어 나온다. 유리창으로 들어오는 햇살, 폭신한 담요, 맛있는 캔만 있으면 그저 행복한 작은 생명. 그렇게나 간단하다. 그래, 오늘은 함께 쉬자. 자연과 가까이 살고 싶어 내려온 제주. 바쁜 일상에 정신을 쏟느라 즐기지 못한 행복이 돌담 아래 잔뜩 쌓여 있다. 매일 같이 지나는 길에 있었지만, 아껴 두다가 이제야 맛보는 쉼.

테라스의 해먹에 누워 배 위에 올려 둔 홍삼이를 쓰다듬는다. 나만 아는 무게와 온도, 그리고 이 부드러운 촉감. 눈을 감고 온몸으로 따사로운 햇빛을 느낀다. 청량한 바람에 만개한 수국이 부드럽게 흔들린다. 몸을 일으켜 캔버스와 물감을 가져와 내 눈에 담기는 고양이와 제주를 기록한다. 그렇지. 이러려고 제주에 살지. 삶은 여행이다. 보통의 일상에서도 설렘을 느낄 수 있다면.

Summer AM 8:30

산뜻한 바람이 부는 여유로운 아침. 돌담길을 따라 산책하는 남편과 홍삼이.
나를 바라보는 둘의 눈빛이 장난스럽다.

Summer PM 1:00

햇볕 따사로운 나른한 오후, 수국이 만개한 꽃밭 앞에 돗자리를 편다.

꽃향기를 맡으니 오랜 추억이 떠올라. 바르셀로나의 언덕에서 사랑하는 가족과 함께 있는 공상에 빠져든다.

Summer PM 7:00

남편의 어설프지만 귀여운 우쿨렐레 연주 소리가 집 안에 울려 퍼지는 노을 진 저녁.

아무리 시끄러워도 배를 뒤집고 누워 곤히 자고 있는 홍삼이를 보며 킥킥거린다.

걱정거리도, 해야 할 일도 잠시 잊게 되는 따뜻하고 소중한 시간.

Summer PM 10:00

귀뚜라미 소리 울려 퍼지는 밤.

홍삼이는 바람에 휘날리는 나뭇잎에 흠칫 놀라며 잔뜩 웅크리고 바깥 구경을 한다.

좋아하는 사롱과 밤하늘, 나의 홈 스위트 홈.

Cafe & Garden
Songdang Namu

글·사진 이선영 @songdangnamu / 에디터 조문주

고양이와 식물이 함께하는
느긋한 공간 <송당나무>

안녕하세요. 소개 부탁 드립니다. 손님들이 가장 많이 하는 말이 "잘 쉬다 갑니다"라고 하더라고요.

<송당나무>는 9년 전에 서울에서 제주도 송당리로 이주하면서 열게 된 가드닝 센터와 카페의 이름이에요. 꽃이 피는 관목류와 초화류로 이루어진 1,600여 평의 정원입니다. 가드닝 센터에서는 식물 번식, 재배, 관리, 판매, 교육 등을 해요. 이 공간을 찾으시는 분들을 위해 카페도 같이 운영하고 있어요. 가족 모두 동물을 좋아해서 현재는 고양이 6마리와 강아지 1마리가 송당나무에서 함께 지내고 있습니다. 정원 공간 자체가 다른 밭과 건천으로 갇힌 공간이라, 녀석들은 온실 건물과 정원에서 매우 자유롭고 안전하게 생활하고 있습니다.

서울에서 플로리스트로 20년 동안 활동 하셨는데, 제주로 향한 특별한 이유가 있을까요?

플로리스트는 농부가 열심히 키운 꽃으로 아름다운 작품을 만들고 상품을 제작하는 직업이에요. 근데 저는 플로리스트에게 재료가 되는 꽃을 직접 키우고 싶더라고요. 특히나 4계절 내내 꽃이 피는 정원을 가지고 싶었습니다. 평소 좋아하던 식물들이 우리나라 남부 지방에서만 월동하는 식물들이었어요. 그렇다 보니 식물을 키우기 위해선 남쪽으로 이사를 해야 했는데, 제주가 좋겠더라고요.

제주에 이주한 지 9년차인 저는 단 한 번도 제주 바다에 들어가 본 적이 없어요. 그만큼 제주의 중산간 지역을 사랑하고 있습니다. 넓은 초원과 오름들은 제주만의 귀하고 아름다운 자연이라 생각해요. 그래서 제주의 푸른 바다를 뒤로하고 오름으로 둘러싸인 송당리에 터를 잡게 되었습니다.

정원사이시면서 고양이 집사로도 유명하세요. <요망난 식물집사>라는 책에서도 이야기를 써주셨더라고요. 이 친구들과는 어떻게 만나게 되셨나요?

토리, 라봉, 마리, 먼지, 나무, 당근 이렇게 6마리 고양이와 함께 살고 있어요. 토리는 어떤 강아지가 물고 온 아기 고양이였고, 나무는 누군가가 이 시골에 유기하고 간 페르시안 고양이였어요. 이전에 페르시안을 키워본 경험이 있었던지라 구조 후 식구로 맞아들였습니다. 그 후 얼마 지나지 않아 나무가 모기장을 뚫고 집 밖으로 뛰쳐나가 사고를 치는 바람에 대식구가 되었네요. 지금은 모두 중성화를 시켜 한 가족처럼 지내고 있습니다.

손님들이 아이들을 워낙 예뻐하다 보니 간식을 많이 주시기도 해서 살이 통통하게 올랐어요. 제가 생각해도 이 녀석들은 너무 팔자가 편하고 좋아요. 나무와 당근이는 체구가 매우 작은 데다 겁이 많아서 문을 열어 놓아도 마당에 나가진 않더라고요. 집안에서 저희 부부 침대 가운데 자리를 차지하고 온종일 잠을 자곤 해요.

열심히 작업한 땅을 장난꾸러기 고양이들이 헤집기도 하고, 종종 새싹을 밟기도 하잖아요. 고양이와 함께 정원을 가꾸면서 특별히 기억에 남는 순간이 있을까요?

생각처럼 고양이들이 정원을 헤치거나 그러진 않아요. 독이 있거나 하는 식물을 먹지도 않고요. 몇몇 식물들이 고양이에게 마비나 경련을 일으킨다 알려져 있는데, 다행히 건드리지 않더라고요. 고양이들이 특별히 좋아하는 식물인 귀리나 볏잎 같이 가늘고 긴, 독이 있지 않은 풀 종류를 종종 먹곤 합니다. 가끔 일부러 먹고 헤어볼을 토하기도 하는데 수의사 분께 여쭈어보니 자연스럽고 본능적인 행동이라 하시더라고요.

시골 정원에서 생활하는 고양이를 키우면서 가장 난감한 경우는 뱀을 사냥해 가지고 올 때예요. 저희 아이들도 여름이면 작은 실뱀을 잡아 자랑스레 물고 들어옵니다. 새나 쥐도 마찬가지고요. 정원 저 멀리부터 뱀을 물고 우렁차게 울면서 들어와요. 그때의 울음소리는 완전히 달라서 그 소리가 들리면 "엄마 뱀 싫어! 라봉이 잘했으니까 그냥 거기다 놔줘!"라고 소리치며 도망을 간답니다.

제주의 변덕스러운 날씨에서 정원을 가꾸고 고양이들을 돌보는 게 쉬운 일은 아닐 것 같아요.

날씨가 좋지 않으면 고양이들은 정원에 나가지 않아요. 온실 카페 2층 공간에 소파가 있는데 종일 그곳에서 잠을 잔답니다. 손님들이 거대한 쿠션인 줄 알고 소파에 무심코 기댔다가 깜짝 놀라는 경우도 있어요.(웃음) 날씨가 좋은 날엔 정원에서 대부분의 시간을 보내지만 절대 멀리 나가지 않습니다. 제가 이름을 부르면 어느새 한 마리씩 제 앞으로 와요. 가끔 큰 목소리로 정원에다 대고 아이들 이름을 부를 때면 손님들은 "고양이가 이름을 부른다고 오나요?" 하시는데 다 와요. 강아지처럼 달려오지 않아서 그렇지 잠 덜 깬 눈으로 천천히 다가와 야옹거리죠.

식물을 보러 정원에 방문했다가 고양이들의 매력에 빠진 분들도 많다고 들었어요.

송당나무가 고양이 카페로 많이 알려져 있는데 그건 아니에요. 좋은 환경에서 자유롭게 지내는 고양이들이 있을 뿐이랍니다. 고양이를 키우시는 분들이 정원에 오시면 집에 있는 고양이한테 미안하다고 하시면서 부러워들 하세요. 그렇다고 저희 고양이 모두가 자유로운 생활을 좋아하는 것은 아니에요. 밖으로 나오지 않는 겁쟁이 녀석들도 집에서 나름 행복하게 잘 지내고 있으니까요.

가끔 손님들이 자유롭게 고양이들을 만지고 쓰다듬는 게 스트레스이지 않느냐 걱정하시는 분들도 있는데, 녀석들은 차 마시는 손님 테이블에 뛰어올라 대자로 누워 팔에 기대어 잠을 잘 정도로 사람을 좋아해요. 라봉이 같은 경우에는 어린 손님이 오면 일부러 졸졸 쫓아다니면서 정원을 안내할 정도고요. 가끔 귀찮을 때면 알아서 정원으로 나가 잠을 청하기 때문에 스트레스가 없는 것 같아요.

작가님께 지난 10년은 제주에서 '요망난' 식물 집사로 뿌리내린 시간이었어요. 다가올 10년은 어떤 삶이길 꿈꾸고 계신가요?

지금처럼 언제나 식물과 동물들에 둘러싸여 천천히 늙어 가겠죠. 아들이 둘이지만 그때쯤이면 아마 두 녀석 모두 독립을 할 테고, 저희 부부는 동화 속 주인공 같이 늙어 가고 싶어요. '그들은 행복하게 오랫동안 살았답니다'의 해피엔딩처럼요.

58

Memories Are
Like Plants

Happily Ever After

Jeju Cafe

Tangerine Flower

글·사진 임용희 @gyulkkot / 에디터 조윤주

감귤나무 사이로 피어난
작은 카페 <귤꽃>

여기 정말 동화 같은 곳이네요.

안녕하세요. 제주 동쪽에 위치한 함덕에서 <귤꽃카페>를 운영하는 임용희라고 합니다. 저희 카페는 2012년 오픈한 제주 첫 감귤밭 카페예요. 삽살개 허스키 믹스견 12살 오광이와 함께 출퇴근하며 운영하고 있죠. 혼자 운영하는 작은 카페다 보니 뭐든 느리게 흘러가는 카페입니다. 동물 카페는 아니지만 동물농장 같은 곳이에요. 오리 친구 12마리와 고양이 친구 15마리도 함께 살고 있어요.

귤꽃카페의 첫 시작은 어땠을까요?

처음에는 시내에서 카페를 준비 중이었는데 건물 계약 문제가 발생하면서 일 년 공백기가 생겼고, 그때 오광이를 데려왔어요. 원래 키우고있던 저희 언니가 출산으로 몸이 안 좋아지면서 오광이와 지내기 어려운 상황이었거든요. 그때 떠오른 공간이 지금의 귤꽃카페였어요. 대학생 때부터 자주 오던 익숙한 곳이어서 임시로 카페를 시작하고 광이 집을 마련해 주면 매일 케어할 수 있겠다 싶었죠. 일 년 뒤 시내에서 카페를 시작할 때 도움이 될 거란 생각도 들었고요. 그렇게 급하게 밭 한가운데서 창고를 개조해 시작했어요. 그 뒤로 운이 좋게 이색 카페로 방송을 타게 되고 입소문이 나 지금까지 왔네요. 다 오광이 덕분이라고 생각해요.

고양이, 강아지 그리고 오리까지 함께하는 모습들이 귤꽃카페를 더 따뜻하게 만드는 거 같아요.

오리들과 함께하게 된 데에는 사연이 있어요. 감귤밭에는 달팽이가 많아요. 특히 맛있는 귤만 골라서 먹거든요. 녀석들이 지나다닌 곳은 잘 썩어서 수확 후 보관 기간도 짧아져요. 그래서 버리는 귤 양이 많아 매년 골치였어요. 달팽이로부터 귤을 지켜내기 위해 방법을 찾던 중 오리가 달팽이를 좋아한다는 사실을 알게됐어요. 카페 오픈 때부터 오리를 데려와 키우고 싶었는데, 제가 여행을 가거나 아플때에는 가족들에게 도움을 요청하게 될지도 모르

니 우선 가족들을 설득해야 했어요. 그 당시 오래전부터 가슴속에 품었던 영화 <아름다운 비행>을 다시 보게 되었는데 갑자기 심장이 두근거리더라고요. 거위들을 비행연습 시키는 장면이 나오는데, 사람과 함께 자라느라 나는 법을 익히지 못한 거위들이 연습을 따르는 모습이 경이로웠어요. 말은 통하지 않는데 믿음이 있기에 가능한 거잖아요. 그래서 어머님께 오리들을 부화시켜서 키워보고 싶다고, 애들이 농사를 도와줄지 모른다고 어필했죠. 설득 끝에 가족 모두의 동의를 얻어 오리들을 만나게 되었어요.

한가로이 낮잠을 자는 고양이들이 많아요. 고양이들과는 어떤 묘연이 있었는지 궁금해요.

고양이 식구들은 정말 우연히 갑자기 나타났어요. 4년 전 어느 날이었는데 하얀색 긴 털을 가진 고양이가 밭을 지나가는 거예요. 그때는 너무 순식간에 지나쳐서 그저 짧은 연이라 생각했어요. 그러다 SNS에 배고픔을 못 이겨 열무김치를 먹는 고양이 사진을 보게 되었는데 매우 슬프더라고요. 배고픔 또한 고통인 거잖아요? 그 이후부터 퇴근할 때마다 고양이 사료를 조금씩 뒀는데, 삼 일째부터 사료가 사라지더라고요.

그런데 어느 날 창고 뒤에서 흰 고양이가 애옹 하면서 나타나 다리를 비비는 거예요. 배를 봤더니 만삭이었어요. 때마침 남는 별관이 있어 거기서 지내도록 했는데 온종일 울더라고요. 바깥 생활을 오래 해서 갇혀있는 게 힘들었나 봐요. 만삭이었던 흰 고양이는 결국 밖에서 새끼를 낳았고, 아이들이 어느 정도 크니 카페로 돌아왔어요. 그런데 얼마 뒤에 예상치 못한 사고가 일어났어요. 들개들의 습격으로 막내랑 어미 고양이가 별이 된 거예요. 모든 게 제 탓인 것만 같아 영업도 못 하고 이틀째 집에 누워있다 오리들을 챙기려 카페로 나갔는데, 창고 뒤 돌 틈에서 사라졌던 아기 고양이 3마리가 울며 밖으로 나오는 거예요. 고양이들을 보자마자 부둥켜안고 울면서 죽을 때까지 책임지겠다 약속했어요. 그렇게 집사가 되었습니다.

고양이들이 카페를 점령한 거 같아요(웃음). 동물 친구들과 사이좋게 잘 지내죠?

길고양이 다큐멘터리에서 습지의 오리를 사냥하는 장면을 봤어요. 오리가 큰 새라서 고양이들이 공격할 수 없다고 생각했는데, 꽤 놀랐죠. 카페에 가끔 사료를 먹으러 오는 객식구 같은 고양이들이 있거든요. 근데 그 녀석들이 오리 근처에만 가도 마당 냥이들이 달려와서 쫓아내더라고요. 오리가 친구라고 생각해서 지켜주는 거 같아요.

오광이는 자기보다 큰 녀석들에게는 강하고 작은 친구들에게 양보심이 커요. 질투심이 많았다면 다른 친구들과의 일상은 생각지도 못했을 거예요. 고양이와 놀고 싶어 하는데 꼬리를 흔드는 순간 사이가 틀어져요(웃음). 강아지와 고양이의 언어가 달라 가끔 오해가 쌓이지만 서로가 위험한 존재는 아니라고 생각하는 거 같아요. 적당한 거리를 유지한 채 카페를 지키고 있답니다.

앞으로도 귤꽃카페가 행복으로 가득했으면 좋겠어요.

함께하는 시간이 길어질수록 동물 친구들은 제 인생의 큰 부분을 차지하는 소중한 존재가 되었어요. 그래서 아이들이 오랫동안 이곳에서 행복했으면 해요. 처음 카페를 시작했을 때부터 행복을 주는 카페를 만들고 싶었거든요. 귤꽃카페를 찾아주시는 손님들도 여기 계신 순간만큼은 행복을 충전하고 가셨으면 좋겠어요. 오리 친구들, 고양이 친구들, 오광이가 행복의 매개체가 되어줄 거예요.

66

Flower That Bloomed In Small Cottage

Garden of Dream

Cafe & Gift Shop

Bricks Jeju

글·사진 박송이 @bricksjeju / 에디터 박조은

고양이로 가득 찬
햇살처럼 따뜻한

따뜻한 공간, <브릭스제주> 반갑습니다.

안녕하세요. 제주도 동쪽 김녕마을에 위치한 작은 카페 겸 고양이 소품숍 브릭스제주입니다. 카페의 마스코트 '채영이'가 매일 저와 함께 출근하고 있어요. 채영이는 유독 추웠던 겨울날, 카페 마당에 나타난 아기 고양이였어요. 혹시 추위에 잘못될까 안쓰러운 마음에 카페 한 켠 자리를 내어줬어요. 그런데 어느 날 갑자기 다리를 다쳐서 나타난 거예요. 안쓰러운 마음에 다리를 치료해 주다 보니 자연스럽게 가족이 되었죠. '채린이'와 임보 중인 '안채연이'도 함께 있어요. 채린이는 제가 제주도에 와서 만나 사랑에 빠진 우리 첫째 '잔디'를 닮아서 첫눈에 반해 입양을 하게 되었고요. 안채연이는 1년째 임보하고 있는 고양이인데, 올무에 앞다리가 걸려 절단 수술을 받은 이후로 계속 돌봐 주고 있어요.

가게 안에 고양이 굿즈가 가득해요. 마당에는 길냥이가 가득하고요(웃음). 고양이 소품숍을 운영하신 계기가 궁금해요.

어렸을 때부터 고양이가 좋았어요. 첫째와 둘째 고양이가 스물한 살이니 꽤 오래전부터 고양이를 좋아한 거죠. 그래서 그런지 고양이 소품만 모아 놓은 가게를 운영하고 싶다는 막연한 꿈을 가지고 있었어요. 카페 겸 소품숍을 운영하기로 결심하고 나서는 캣 페스티벌에 가서 직접 작가님들을 만나기도 하고, 좋아하는 작가님들께 입점 제의도 했어요. 그동안 고양이를 덕질하던 내공으로 특별한 고양이 소품을 구해서 판매하기 시작했죠. 처음에는 '제주도까지 와서 누가 고양이 소품을 살까?' 걱정도 했어요. 하지만 걱정이 무색하게 매력을 알아봐 주시고 일부러 방문해 주시는 분들도 늘었죠.

책상 위에서 햇빛을 받으며 여유롭게 쉬는 채영이의 모습이 정말 행복해 보여요. 채영이가 손님 좀 몰고 오나요?

그럼요. 가게 문을 열고 들어오면서부터 "채영아!" 하고 이름을 부르시는 손님도 가끔 계세요(웃음). 채영이는 출근하면 그날의 기분에 맞는 스카프를 두르고 하루를 시작해요. 이곳저곳 냄새를 맡으며 점검한 뒤 이상이 없으면 자기 자리에서 늘어져라 잠을 잔답니다. 그러다 간식을 꺼내는 소리가 들리면 빛의 속도로 달려가기도 하고, 돌담 위에 고양이나 새가 나타나면 수염을 세워 집중하기도 하고요. 특히 햇빛을 받으며 누워있는 걸 좋아해서 손님이 계신 테이블 위에 올라가 시간을 보내기도 해요.

채영이는 고양이라기에는 너무나 무던한 성격이라서 사람의 손길을 잘 받아들여요. 살면서 처음으로 쓰다듬어 본 고양이가 채영이라고 말씀하신 분들도 종종 계시죠. 그런 모습을 보고 일부러 채영이를 찾아오시는 손님들이 많아졌어요. 어느 날은 혼자 오신 손님이 기분이 조금 울적하셨나 봐요. 채영이가 손님 테이블에 가서 누워있는데 그 손님이 채영이를 살짝 안은 거예요. 채영이는 가만히 안겨 있었고 그 손님은 조금 우신 것 같더라고요. 시간이 지나고 괜찮으시냐고 여쭤봤더니 채영이 덕분에 위로를 받으셨다며 고맙다고 하셨어요.

마음이 따뜻해지네요. 제주도와 김녕을 선택하신 이유가 무엇인지도 궁금해요.

육지에서 회사를 다닐 때는 거의 매일 새벽까지 일을 했어요. 정말 좋아하는 일이어서 열심히 했는데, 번아웃이 왔는지 어느 순간 다 놓고 싶다는 생각이 들더라고요. 그러던 중에 지인이 제주도로 이주를 했어요. 덕분에 자주 제주를 오가며 작은 동네, 잔잔

70

한 포구, 돌담 위로 총총 걸어가는 고양이를 보게 되었어요. '특별한 일을 하지 않아도 이런 풍경들을 보는 것이 쉼이고 여행이구나. 이런 곳에서 내가 좋아하는 걸 하며 살면 좋겠다'는 생각이 들더라고요. 제가 감당할 수 있는 만큼의 일을 하며 살고 싶었어요. 그렇게 제주도에서 가장 바다가 예쁜 곳이라는 김녕에 와서 마을에 보건소와 성당이 있는 것만 확인하고는 자리를 잡았죠. 김녕은 정말 한적하고 조용한 마을이에요. 건물 옥상에 올라가면 에메랄드 빛깔의 바다와 고요히 떠다니는 요트가 보이고요. 창문 밖에는 낮은 돌담과 계절 별로 피는 벚꽃, 수국, 귤꽃 그리고 이른 여름을 알리는 청보리도 보여요. 작지만 아름다운 제주의 모습을 고스란히 담고 있는 게 김녕의 매력이라고 생각해요.

'김녕치즈마을'이라는 이름으로 수많은 길냥이도 챙겨주고 계시잖아요. 찾아오는 아이들이 굉장히 많아요. 아무래도 고양이들이 사람 좋은 곳을 아나 봐요.
동물 친구들은 확실히 자기를 좋아하는 사람을 아는 것 같아요. 아니면 캔따개를 알아보는 건가... 마당 냥이들 밥을 챙겨주기 시작한 건, 제주도에서 만난 첫 고양이 딸 잔디가 사고로 갑자기 세상을 떠나면서부터였어요. 무너진 마음을 달래기 위해시작한 일이었죠. 그런데 가게로 밥을 먹으러 오는 고양이들이 계속 늘어나더라고요. 아이들에게 트와이스 멤버들의 이름을 붙

여 불렀어요. 트와이스가 여러 명이니까요(웃음). 그러던 어느 날, 마당에 오는 길고양이 친구가 새끼를 아홉 마리나 낳았는데 태어난 아이들이 모두 치즈 태비인거예요! 너무 예뻐서 아이들 사진을 SNS에 올렸더니 누군가 '임실치즈마을 아니고 김녕치즈마을이네요?'라고 댓글을 달아 주셨어요. 그게 너무 재밌길래 그때부터 '김녕치즈마을'이라고 부르게 되었답니다. 김녕치즈마을 고양이들은 꾸준히 TNR을 진행한 덕분에 출산을 반복하거나 영역 다툼을 심하게 하지도 않고 건강히 안정적으로 살고 있어요. 수술 후 3~4일 정도는 별도의 공간에서 케어를 한 후 원래 지내던 곳으로 돌려보내고 있답니다. 동네 고양이에게 밥을 챙겨주기로 마음을 먹으셨다면, TNR을 통해 개체 수를 조절해주고 고양이들이 안전하고 건강히 살 수 있는 환경을 마련해 주시면 좋을 것 같아요.

길 위의 고양이들을 돌봐 주시고 사랑해 주셔서 감사해요.
앞으로도 눈앞에 보이는 도움이 필요한 고양이들을 도우며 살아 갈게요. 저의 가족인 애기, 가지, 채영이, 채린이 그리고 안채연이와 김녕치즈마을을 지켜주고 있는 탄광이와 필통이 그리고 밥을 먹으러 오는 모든 고양이를 아끼며 사랑으로 돌보겠습니다. 이 땅의 모든 동물 친구가 행복해지기를 바랍니다. 여러분, 사지 말고 입양하세요!

74

Cheese Village
On The Island

With Sunshine

Guest House
Slow Trip

글·사진 한인경 @han_copy / 에디터 박재림

제주도 동쪽에 작은 마을이 있다. 성산읍 오조리(吾照里). 마을 어디에서도 성산 일출봉을 볼 수 있는 이곳은 그 지명의 의미도 '햇빛이 제일 먼저 비추는 마을'이란. 도내 다른 관광명소들과 비교해 한적하고 조용한 오조리에는 마을 분위기와 꼭 맞는 숙소가 몇몇 있다. <슬로우트립 게스트하우스>도 그 중 하나. 마당의 고양이들이 동그란 눈으로 손님을 맞이하는 곳이다.

고양이 '종업원'이 많네요.

종업원이 아니라 손님들이랍니다! 11년째 이곳을 찾는 '단골'들이죠. 안녕하세요, 저는 슬로우트립 게스트하우스를 운영하는 한민경입니다. 길고양이들과 묘연은 2012년 게스트하우스 오픈 직후부터 시작됐어요. 녀석들이 음식물 쓰레기통을 뒤지길래 사료를 챙겨줬죠. 자주 오는 고양이는 이름을 붙여주고, 무분별한 번식을 막으려 중성화 수술도 시켜줬습니다. 그런 시간이 쌓이고 쌓여 오늘날까지 온 거죠. 여기서 마당 고양이로 지내다 근처로 입양을 간 '히끄'는 유명한 동물 인플루언서가 되었어요.

타지인에게는 생소한 동네인데… 혹시 오조리가 고향이신가요?

서울에서 태어나 30년 넘게 산 토박이였어요. 광고대행사 카피라이터로 일하다 2012년 혈혈단신 제주로 내려왔죠. 여러 지역 중 왜 제주도였냐고요? 본토와 떨어진 섬, 게다가 이국적인 분위기가 넘치는 화산섬이잖아요. 서울에서만 생활한 저에겐 마치 외국서 사는 느낌일 것 같았거든요(사실 요즘도 제주 방언을 많이 쓰시는 분과 대화를 하면 외국어를 듣는 기분이에요, 하하). 말씀하신 것처럼 오조리는 아직 많은 사람에게 알려지지 않은 '히든 플레이스'예요. 관광객들이 제주도의 동쪽 하면 보통 성산 일출봉, 우도, 섭지코지, 광치기해변 등을 떠올리는데 오조리도 이곳만의 매력을 지닌 곳입니다. 올레 2코스 등 걷기 좋은 산책로가 참 많고, 최근 드라마 촬영지로 유명해진 작은 포구(浦口), 오조포구도 있죠. 한마디로 슬로 트립(Slow Trip)과 어울리는 장소라고 생각해요. 슬리퍼 신고 아이스크림 하나 물고 동네를 걷는 여행, 관광지 등 유명한 곳에서 사진 찍느라 바쁜 것이 아니라, 자기만의 속도로 여유롭게 즐기는 여행 말이죠. 10년차 주민인 저는 오조리를 '등잔 밑'이라고 표현한답니다. 등잔 밑이 어둡다는 속담처럼, 성산 일출봉이라는 큰 등잔에 가렸을 뿐 빛나는 보물 같은 공간이라고 생각하거든요.

일출이 가장 먼저 비추는 오조리의 특별한 아침을 맞이하는 프로그램도 있다면서요?

AM 7:45 오조리 러닝클럽 말씀이시죠? 제가 예전부터 두 반려견과 매일 오전 7시 45분 마당에서 출발해 오조포구 한 바퀴를 돌며 산책을 했어요. 그러던 것이 게스트하우스에서 묵은 손님들이 동행하는 경우가 생겼고, 그런 날이 늘어나다보니 자연스럽게 하나의 프로그램이 되었죠. 아름다운 자연을 느끼며 이런저런 이야기도 하며 하루를 엽니다.

두 반려견 중 첫째 '호이'는 제주에 정착하고 얼마 지나지 않아 만나게 되었어요. 당시 저는 서울 집에서 14년 간 반려한 아이가 무지개다리를 건너 슬픔에 빠져 있었죠. 상실에 힘들어하는 저를 보고 지인이 비글 강아지를 소개해줬고 이내 입양으로 이어졌습니다. 그리고 2년 뒤 길거리를 떠돌아다니던 개를 잠시 보호하다 둘째로 품었고 그 녀석이 '호삼'입니다.

두 친구의 이름을 따서 '호호 브라더스'라고 부르며 제주에서 살아온 나날이 어느덧 10년 안팎이네요. 녀석들과 우당탕탕 살아온 이야기를 담아 2019년 <호호브로 탐라생활>이라는 책도 냈습니다.

호호 브라더스 말고도 다른 동물 가족이 있다고 들었습니다.
2020년 늦여름, 지인의 딸이 게스트하우스 근처에서 새끼 고양이를 발견했어요. 무리에서 떨어져 혼자 있는 녀석을 일단 게스트하우스 마당으로 데려왔죠. 그런데 며칠 지내는 모습을 보니 다른 마당 고양이들과 달리 너무 유약했어요. 다리가 불편해 보이고 눈도 짝짝이라 병원에 데려갔더니 의사선생님이 칼리시 바이러스에 걸린 거라고 하시더군요. 3개월 정도 고양이를 임시보호를 했는데 입양 문의가 없고 그 사이 정도 많이 들어서 아예 함께 살기로 했습니다. 며칠 뒤, 처음 녀석을 발견한 지인의 딸이 걱정스레 문자메시지를 보냈기에 너무 걱정하지 말라고 답장을 했는데 곧바로 '고양이 이름이 나무인가요?'라고 문자가 온 거예요.

무슨 소린가 하고 다시 문자메시지를 보니 제가 '너무'를 '나무'라고 잘못 써서 보냈더라구요. 이것도 인연인가 하면서 녀석의 이름을 '나무나무'로 짓기로 결정했죠. 믿기 어렵겠지만 나무나무는 실제로 "나무~~"하고 운답니다!
고양이를 집에서 돌봐야 하는 상황이 되면서 가장 걱정한 것이 '합사'였어요. 집이 복층이긴 해도 다 같이 지내기엔 좁을 것 같았죠. 또 첫째 호이가 조금 사나운 편이라 나무나무를 받아들일 수 있을지 염려되었지요. 초반에는 1층은 개, 2층은 고양이가 쓰도록 분리를 했어요. 다행히도 아이들이 서로 잘 받아들이더군요. 호이와 나무나무는 적당한 거리두기를 하지만 호삼이와는 둘도 없는 친구랍니다.

나무나무를 바라보시는 눈에서 꿀이 뚝뚝 떨어지네요.
요즘 '변절자'라고 불려요. 저는 어릴 때부터 개를 키워왔고 개를 정말 좋아했는데… 나무나무와 지내면서 고양이의 매력에 푹 빠져 더 이상 '개 파(派)'가 아니게 됐거든요. 행동 하나하나가 너무 사랑스러워요. 직함이 '귀여움 연구소장'일 정도로!
사실 녀석에게 좀 더 마음이 가는 이유가 있어요. 나무나무가 뇌수두증이라는 병을 앓고 있거든요. 입양 후 얼마 지나지 않아 2차례 발작을 일으켜서 서울의 병원을 찾았다가 그 원인을 찾았죠. 뇌에 찬 물이 신경을 압박해서 발작을 일으킨 것이라고요. 선천적인 병이라 요즘도 매일 약을 먹이고 지속적으로 상황을 체크하며 지내고 있어요. 아무래도 균형 감각이 조금 떨어지는 편이라 고양이 맞아? 하는 어설픈 순간들이 있는데 그마저도 귀엽습니다.
나무나무와 호호 브라더스를 보러 게스트하우스를 찾는 분이 많은데 아이들은 상주하지 않아요. 동물을 좋아하지 않은 손님이 계실 수 있고, 청결 문제도 있고, 아이들에게도 낯선 사람들과의 접촉이 마냥 좋은 자극이 아니기 때문이죠. 그래서 아이들은 게스트하우스 바로 옆 저희 집에서 지내고 있어요.

특별한 팟캐스트를 진행하신다면서요.
<니 새끼 나도 귀엽다>, 줄여서 '니나귀'라고 부르는 팟캐스트예요. 제주의 반려인을 초청해 반려동물과 함께 산다는 게 얼마나 행복한 일인지, 우리 아이가 얼마나 예쁜지 자랑하는 프로그램이죠. 오늘날 동물 혐오 및 학대 관련 뉴스가 많지만, 또 다른 쪽에서는 동물을 구조하고 입양하고 가족 구성원으로 받아들이고 있다는 걸 남기고 싶었어요. 어느덧 50회가 넘었고, 간간이 육지 반려인도 출연하고 있어요. 100회가 넘도록 팟캐스트를 하면서 그 사연을 모아 책으로 내고 싶습니다.

앞으로의 꿈이 궁금합니다.
7년째 함께 지내는 쉐어메이트가 있어요. 가족이나 다름없는 친구 덕분에 게스트하우스 운영과 세 반려동물과 살아가는 것이 가능했죠. 앞으로도 사람 둘, 개 둘, 고양이 한 마리, 우리 다섯 식구와 마당 고양이들까지 아름다운 제주에서 아름답게 살고 싶습니다. 게스트하우스와 팟캐스트를 통해서 새로운 인연을 만나고, 연대하고, 성장하면서 말이죠.

다름 아닌 사랑과 자유

고양이 두 마리와 제주, 그 중에서도 시골에 살고 있다. 그렇다. 제주에도 시골이
있고 도시가 있다. 서울 입장에선 섬 전체가 거대한 시골이겠지만, 나름의 구분이
있다. 제주시는 도시다. 공항이 있고 아파트가 있고 교통 체증과 주차난이 있다.

내가 사는 한림은 시골이다. 집 주변은 온통 논밭. 가장 가까운 편의점이 걸어서 20분 거리다.
읍내까지는 차를 타야 한다. 밭 가운데 살다 보면 읍내만 다녀와도 갑갑함을 느낄 때가 있다.
그럴 땐 다락방에 붙은 작은 테라스에 올라간다. 저 멀리 바다가 자그마하게 보인다. 제주의
시골에 산다는 건 주변 모든 것의 밀도가 낮다는 의미이고, 그 성긴 사이사이를 자연이 채우고
있다는 의미다. 그리고 그 자연에는 고양이가 포함된다.

우리 집에는 고도 비만의 두 고양이가 있다. 그 둘 외에도 매일 많은 고양이와 마주친다. 일단
우리 마당을 들락날락하며 한 식구처럼 지내는 고양이들이 한 무리 있다. 특정하지 않고 한 무
리라 표현하는 이유는 이 무리의 구성원이 계절마다 바뀌기 때문이다. 늦봄부터 여름에 가장
많은 고양이가 마당을 드나든다. 봄의 기운을 받아 태어난 아깽이들이 독립하기 전까지 엄마
고양이와 함께 머무는 시기가 이 즈음에 걸쳐 있다. 작년에는 엄마 고양이가 셋이었다. 아기
고양이는 최소 열 마리 이상이었는데, 힘에서 밀린 레오라는 녀석이 아기들은 멀리 숨겨 놓고
본인만 마당 출입을 한 탓에 전체 규모를 정확히 파악하지 못했다. 여기에 엄마와 아기 고양이
주위를 떠도는 수컷 고양이까지 더하면… 그러니까 작년 여름께 우리 마당은 그야말로 대환장
고양이 파티였다. 대용량 사료를 사두어도 돌아서면 금세 동이 나곤 했다.

이렇게 대규모(?) 고양이 급식소를 운영할 수 있는 것은 물론 우리가 시골에 살기 때문이다. 캣
맘들을 협박하고 급식소 기물을 부수고 단지 경고하고 조롱하기 위해 고양이들을 해치고… 도
시에서 벌어지는 일들을 접할 때면 시골의 이점을 더욱 절실히 느낀다. 시골 사람들은 뭐랄까,
고양이들에게 관심이 없다. 시골의 일상엔 고양이 말고도 챙겨야 할 일이 산더미이기 때문인
지, 이 호의적인 무관심 속에서 고양이들은 따로 또 같이 살아간다. 고양이의 삶의 질을 측정
할 수 있다면, 도시에 비해 시골 고양이의 삶의 질이 월등히 높지 않을까.

집밖으로 나가도 고양이는 많다. 우리 부부의 산책로는 마을을 지나 바다로 이어지는데, 바닷
가에서 만나 '해묘'라 부르는 특별한 고양이들이 있다. 뭔가 거친 바다의 기운을 받은 카리스마
있는 고양이들이 상상되지 않나? '묘'라는 글자가 들어간 이상 사실 귀여움을 피할 수는 없겠
지만 그런 중에도 인간에게 길들여지지 않은 야생의 서늘함을 간직한 고양이랄까? 그제 산책
길에 만난 해묘는 우리와 눈이 마주치자 돌 틈으로 숨어버렸다. 그가 머물다 간 자리에는 아주
큰 생선이 먹다 만 채로 남겨져 있었다. 그때 알았다. 고양이가 정말 날생선을 먹는구나! 자기
몸통만한 생선을 발라 먹는 해묘는 실로 맹수였다. 새삼 고양이란 동물이 달리 보였다.

글·사진 정지민 @anywhere_ria / 4년간 제주 로컬 매거진 에디터로 일하다 현재는 여행 플랫폼에서
여행 콘텐츠를 만든다. <우리는 서로를 구할 수 있을까>를 썼다.

거친 야생성을 가진 건 해묘만이 아니다. 마당의 고양이들도 사냥을 한다. 어느 볕 좋은 날, 마당에 다녀온 남편이 방금 자기가 뭘 보고 왔는 줄 아냐며 호들갑을 떨었다. 밭두렁에서 고양이들이 꿩 한 마리를 잡아 물고 뜯고 맛보고 즐기고 있다는 소식이었다. 방금까지 사료 챱챱 후 배를 까고 일광욕하던 녀석들이 그런 것도 할 줄 알다니. 잠시 어안이 벙벙했지만, 생각해보면 당연하다. 이들은 4m가 훌쩍 넘는 나무를 타고 마당을 떠나 있는 시간에는 아주 먼 거리까지 여행을 떠나기도 한다. 세력 다툼을 벌여 더 넓은 영역을 차지하기도 하고, 상처를 입고 쫓겨나기도 한다. 밥을 줄 때마다 부디 사이좋게 지내 달라고 당부하지만, 인간의 바람일 뿐 고양이들은 그들 세계 규칙대로 산다.

그 다이내믹을 긴 시간에 걸쳐 지켜보고 있노라면 도시에서는 하지 못하던 생각에 빠진다. 이를테면, 내 고양이들은 행복할까? 라는. 도시의 길고양이들을 보면서는 '모든 고양이가 저런 자유를 누려야 하지 않을까' 같은 생각을 한 적 없다. 시골에서는 그 생각을 피할 수 없다. 털에 윤기가 흐르고 눈곱 하나 없이 포동포동한 나의 비만묘들은 어쩌면 무료한 게 아닐까.

제주에서 만난 아일랜드 친구가 자기 고양이 얘길 해준 적이 있다. 아일랜드에서는 집고양이 또한 풀어 키우고, 그의 고양이 테드도 외출을 다닌다. 한 번은 외출에서 테드가 심각한 부상을 입고 돌아온 적이 있다고 한다. 겨우 겨우 살려냈는데, 몸을 회복하자마자 테드는 다시 외출을 나가더라는 것. 우리 집 호두와 치즈는 어떨까. 지금껏 집 밖으로 나가본 적이 없을 뿐, 우리 고양이들 역시 외출의 맛을 보면 그 뒤로는 집에만 머무르는 생활을 거부하진 않을까.

지난 가을, 제주에서 가까이 지내는 친구들과 카라 동물 영화제 상영작 <벡스터와 나>를 함께 봤다. 호주의 페미니스트 감독이 자신이 인생에서 만난 개들의 이야기를 늘어놓는데, 잔잔하게 시작한 초반부를 넘어서자 뜻밖에 사랑과 자유에 관한 아주 논쟁적인 영화임을 알 수 있었다. 영화는 안락사와 중성화 등 개와 함께 살며 감독이 한 몇몇 결정들을 보여주며 인간이 반려동물을 사랑한다는 건 어떤 의미인가 묻는다. 영화를 보고 난

다음날 아침, 침대로 찾아온 치즈를 도망가지 못하게 꼭 끌어안고 뽀뽀를 퍼부어대다가 우두망찰했다. 안락사와 중성화는 스펙트럼의 가장자리에 있을 뿐, 털을 깎고 사진을 찍고 SNS에 전시하고 나가지 못하도록 문을 꼭 닫고 다이어트를 시키고 거부하는 스킨십을 퍼붓는, 우리가 반려동물들에게 하는 많은 일이 사랑과 지배, 이기심과 이타심의 혼종일 테니까.

감독은 개가 진정으로 자유로운 세상은 어떤 세상일지 묻는다. 그리고 그 세계에서도 자신의 개들이 그와 살기를 택할지 확신할 수 없어 한다. 나는 이 질문이 조금도 엉뚱하지 않다고 생각했다. 오히려 반려동물과 사는 이라면 피할 수 없는 질문 같다. 우여곡절 끝에 내 집에 살고 있는 호두와 치즈의 경우, 둘은 이 삶을 선택하지 않았고 어떤 일이 발생해도 떠날 자유가 없다. 내가 그들의 자유를 걱정한다는 것 자체가 우습기도 하다. 고양이들의 자유에 관한 사변적인 생각들을 이렇게 길게 쓰고도, 결국 고양이를 지금보다 자유로운 방식으로 키울 것인가 묻는다면 그런 이야기는 아니라고 손을 휘젓겠지만 질문만은 꼬리에 꼬리를 물고 이어진다

그러므로 고양이와 사는 반려인으로서 제주의 시골에 산다는 건, 길 어디서나 자유로운 바깥 고양이들과 마주한다는 의미고, 그럴 때마다 내 고양이의 자유와 행복에 대해 생각하지 않을 수 없다는 의미다. 섬의 고양이들이 누리는 자유가 촉발시킨 생각이지만, 누군가를 사랑하는 일 자체가 그런 것 같다. 깊이 사랑하면, 상대의 자유에 대해 생각하게 된다. 그리고 그 생각은 내 사랑의 기만적인 부분을 드러내고 의심할 바 없던 것들을 의문에 붙이고 당연하다고 가정해온 일들을 뒤엎어버린다. 동물을 사랑하는 일이라면 말할 것도 없지. 개와 고양이를 사랑하고서야, 끝을 모르는 자기중심성을 아주 조금 반성하는 존재가 바로 인간이란 생각을 했다.

제주에서 찾은 행복

Artist
LUCYSSON
고양이 부부 오늘은 또 어디 탐수광

<제주 도圖> 2018

글·그림 루씨쏜 @lucysson_artist / 자료 제공 자음과 모음

安貧樂道

<안빈낙도>, 55X57cm, 한지에 채색, 2017

제주에서 찾은 행복

동양화를 전공한 작가 루씨쏜은 자연을 닮은 따뜻한 종이인 한지 위에 제주 민화를 그리기 시작했다. 한지와 민화는 소박하고 따뜻한 제주를 표현하는 데 가장 걸맞은 재료와 방법이라는 생각이 들었단다.

루씨쏜의 그림 속에는 고양이 두 마리가 등장한다. 이들은 제주의 이곳저곳을 자유롭게 유랑한다. 고양이 부부와 함께 제주를

한 바퀴 돌아보는 시간을 통해 그녀는 '나의 제주'를 완성할 수 있었다고 말한다. 제주 억새밭의 바람 소리, 금능 밤바다에 고인 달빛, 곶자왈의 울창한 나무 사이로 스미는 햇살, 위미리의 벚꽃 향기, 바다 맛이 나는 뿔소라 한 접시…. 좋은 영감으로 가득 차 있는 제주를 담아내기 위해, 그녀는 온 감각으로 제주를 느끼며 매일매일을 제주로 가득 채웠다.

悠悠自適
露西孫

<유유자적>, 52×52cm, 한지에 채색, 2018

우리 둘이 카페 투어

모든 것이 풍족해도 무언가 계속 필요했던 도시에서의 삶과 달리 제주는 조금씩 부족해도 괜찮다. 평소엔 열심히 일하고 휴일이면 바다를 향해 달린다. 어디든 빠르게 달리면 10분 거리에 바다가 펼쳐진다. 이런 훌륭한 풍광에도 입장료는 없다. 파란 바다와 시원한 바람과 맛있는 커피 그리고 당신과 함께라면 세상 그 무엇도 부럽지 않다. 생각보다 어렵지 않다. 안빈낙도의 삶.

다 함께 놀멍 쉬멍

조선 시대에 게스트하우스가 있었다면 어떤 모습이었을까? 아마 이런 모습이 아니었을까? 누군가 대청마루 위에서 시를 읊고 악기를 연주하면, 누군가 마당에서 춤을 출 테지. 모두를 하나로 만들어주는 음악의 힘은 실로 대단하여, 모두가 하나 되어 흥겨웠을 거야. 그곳은 농사일에 고단한 사람도, 공부에 지친 선비도 유유자적하는 곳이 아니었을까.

<형제해안로 달리기>, 36×36cm, 한지에 채색, 2019

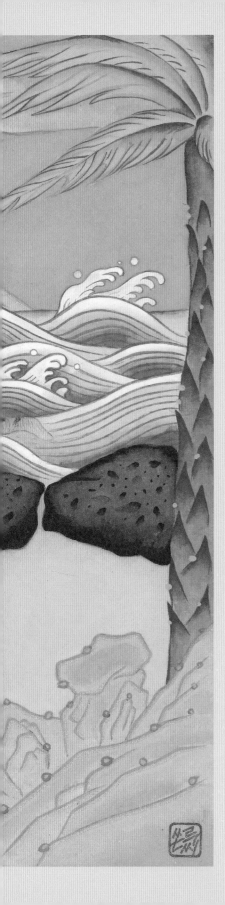

함께 달려주는 친구

"고양이 부부는 킥보드를 타고 뻥 뚫린 형제해안로를 신나게 달립니다. 해질녘 하늘은 예쁜 분홍색으로 물들고 바닷물은 여전히 깊고 푸르릅니다. 멀리 보이는 다정한 형제 섬처럼 부부도 나란히 정답게 달립니다. 어느새 도로는 드넓은 놀이터가 됩니다. 서로가 있어 참으로 정답고 즐거운 길입니다."

내 곁에 함께 달리는 친구가 있다는 것은 참 든든하고 행복한 일이다. 바닷길이든 숲길이든 그 어떤 아름다운 길이라고 해도 혼자 달린다면 재미도 없고 외롭고 무서울 것 같다. 킥보드 타기가 이러한데 인생길은 오죽하랴. 사람마다 성격과 환경이 다르므로 어느 쪽이 더 좋다고 확신할 수는 없지만, 나는 결혼을 권하는 쪽이다. 인생은 생각보다 더 길고 지치고 험한 길이다. 함께 걷는 친구가 있다면, 넘어지거나 길을 잃었을 때 서로를 도울 수 있으니 조금 덜 외롭고 덜 무서울 것이다.

나 역시 혼자 달리는 것에 익숙한 사람이었다. 그래서인지 결혼 후에도 누군가와 발맞춰 걷는 것이 무척 어려웠다. 서로 가고 싶은 방향이 다를 때도 있었고 한 쪽의 속도가 너무 빠르거나 느릴 때도 있었다. 그럴 때마다 우리는 부딪쳤다. 한때는 그와 내 생각이 모두 같아야 하고, 다르거나 싸우는 것은 둘이 맞지 않기 때문이라고 생각했다. 그러나 지금은 모든 관계는 갈등이 생길 수밖에 없고 그것은 서로 다르기 때문이라는 것을 안다. 우리는 그저 상대의 있는 그대로의 모습을 인정하고 배려하며, 또 부딪치더라도 서로 위로하며 살아가야 한다.

제주의 여름

무더운 여름, 제주에서는 비싼 냉방기 전기세를 내며 더
위와 싸울 필요가 없다. 돗자리 하나 챙겨 들고 바다에 가
서 하루 종일 놀다 들어오면 어느새 서늘한 저녁이 온다.

루씨쏜의 그림 속 이야기들은 생생한 삶의 이야기이자
기억의 조합이다. 제주도, 고양이, 민화, 남편, 가족, 친구
들… 기억의 편린과 그녀가 사랑하는 것들을 꿰어 그림
과 글로 묶어냈다. 그녀는 오늘도 삶이 그림이 되고 그
림에 삶을 그리는 그런 인생을 꿈꾼다.

할망 고양이로드

한 줌의 사료를 들고 동네 고양이가 있는
골목을 여행하는 작가 할망

글·사진 할망 @halmangcat / 에디터 박조은

'길 위의 고양이'에게 관심을 가진 건 7년 전쯤이었던 것 같아요. 취미로 사진을 찍기 시작하면서 제 앵글에 고양이들이 조금씩 들어왔어요. 보일 듯 말 듯 사라졌다 나타나는 매력에 반해서 이 골목 저 골목을 돌아다녔어요. 처음에 고양이는 단지 아름다운 피사체일 뿐이었어요. 다가가면 도망가면서, 돌아서려고 하면 빼꼼하고 다시 얼굴을 내미는 아이들을 보고 '나랑 숨바꼭질을 하자는 건가?'하는 착각도 했었죠. 알고 보니 배가 고팠던 거였더라고요. 그 사실을 알게 된 후부터 가방에 사료와 물을 넣어 다녔어요. 점점 아픈 아이들이 눈에 들어오기 시작하면서 영양제와 항생제까지 가지고 다니게 됐죠. 먹을 것을 나누다 보니 자연스럽게 그들의 삶이 보였어요. 이렇게 길 위의 고양이들의 삶을 사진으로 찍어 기록하고 그림으로 그리게 되었네요.

제 그림 안에서 고양이들은 태어난 동네에서 배불리 먹고, 자유롭게 뛰어놀고, 안락하게 잠들어요. 한 동네에서 사람과 함께 살아가는 모습을 많이 보여드리고 싶어요. 이런 세상을 꿈꾸거든요. 하지만 실제로 만나 사진으로 찍은 고양이들의 모습이 늘 사랑스럽지만은 않아요. 아프고 슬픈 모습도 있죠. 어떤 분은 사랑스러운 모습에, 어떤 분은 안타까운 모습에 공감을 하세요. 느끼는 감정은 달라도 괜찮다고 생각해요.

그저 아이들이 사는 모습 그대로를 바라보고 공감만 해 주셔도
긍정적인 영향을 끼칠 수 있다고 믿어요. 계속해서 제 시선의 이
야기를 전하는 이유예요.

제주의 골목에서도 많은 고양이를 만났어요. 2019년 늦가을, 바
다에 놓인 방파제 바위 틈 사이로 아슬아슬하게 누워있던 일곱
아가와 어미가 기억나요. 어미는 방파제 바위 틈에서 출산을 여
러 번 했어요. 털은 바닷물에 젖어 있었고, 한눈에 봐도 건강이 좋
지 않아 보였죠. 거센 바람과 파도가 넘나드는 방파제는 새끼를
돌보기에 좋지 않은 환경이지만, 산실로 선택할 수밖에 없었나
봐요. 이웃 고양이 맑음이 엄마는 동네에서 사람이 놓은 약을 먹

고 세상을 떠났거든요. 무엇보다 방파제 옆 포구에는 낚시꾼이
많아 생선을 얻어먹기 좋아요. 어미는 인심 좋은 아저씨 뒤에 앉
아 응원을 보내다가 아저씨가 던져주는 생선을 어린 아가들에게
배달해요. 지켜보는 사람 가슴이 먹먹할 정도로 열심히요. 일곱
아가 중 건강이 많이 안 좋은 아가 셋을 구조했어요. 아가 하나는
쓸쓸히 별이 되었고 둘은 임시보호를 갔다가 평생 가족을 만났어
요. '복순', '포도'라는 이름이 생겼죠. 이후로 홀연히 사라졌던 어
미는 5개월 뒤 방파제 바위 틈에 새끼를 또 낳았어요. 그리고 2개
월 뒤 새끼를 또 낳았죠. 두 번째 태어난 아이들은 형제와 함께 크
느라 영양 부족에 허피스 중증으로 목숨이 위태로웠어요. 모든

아이를 구할 수는 없지만 반복되는 어미의 방파제 출산을 멈춰야 했고, 태풍이 지나가는 시기였던 지라 마지막에 태어난 아가 둘을 그 바위틈에 둘 수 없었어요. 결국 어미는 TNR을 진행했고 아가들은 구조해서 치료하고 평생 가족을 찾아주었습니다. 아가 둘은 '초코'와 '쿠키'라는 이름으로 제주에서 살고 있어요.

또 한 번은 시골 마당에 찾아온 고양이들에게 사람 먹는 음식을 나눠 주신 할머니와 할아버지 부부를 만났죠. 제가 간 날은 된장찌개에 밥을 비벼 주셨는지 빈 그릇에 고추 두 개만 덩그러니 남아있었어요. 어르신들 입장에서는 그저 배고프지 않게 챙겨주고 싶은 마음에 드시는 음식을 나눠 주신 거죠. 고추를 치우고 사료를 부어줬는데 아빠 고양이와 새끼 고양이 셋이 달려

들어 허겁지겁 먹더라고요. 그릇에 한 번 더 가득 사료를 부어주고 왔지만 제주에 머무는 며칠 계속 마음에 남았어요. 결국 사료를 사서 다시 방문 했는데, 그 분들만의 나눔의 방식이 있을 거라 언짢을 수 있는 문제였어요. 그래서 어르신께 조심스럽게 여쭈었어요. "제 차에 고양이 사료가 있는데 아이들을 위해서 두고 가도 될까요?" 하고요. 어르신은 "지난번에 아이들이 맛있게 먹던 게 그거예요? 뭔데 그렇게 잘 먹어요?" 하시며 두고 가라고 해 주셨어요. 고맙다고도 하시고요. 사료가 떨어질 때쯤 다시 사료를 주문해서 택배로 보내 드렸어요. 어느 날 찾아온 고양이를 내쫓지 않고 머물게 해 주신 것만도 감사한 마음이에요.

제주의 고양이들은 도시의 고양이들과는 사뭇 다른 느낌이에
요. 대부분의 도시 고양이는 긴장 속에서 살아가는데, 섬 고양이
는 느긋함이 느껴진달까요! 도시에서 고양이를 만나는 시간은
어둠이 짙어질 때예요. 경계심이 가득한 눈빛으로 움츠리던 모
습을 볼 때면 어떤 삶을 살고 있는지 느껴져서 가슴이 아파요.
몸을 낮추고 한참을 앉아 '나는 너를 해치는 사람이 아니야'라고
눈 인사를 보내며 마음을 전해요. 눈 인사를 받아준 고양이에게
는 사료와 맛있는 간식을 차려주는 것으로 위로를 전하죠. 그런
데 제주에서는 밝은 대낮에도 고양이를 쉽게 만날 수 있어요.
골목을 걷다 보면 따뜻한 햇살을 맞으며 늘어져라 자는 고양이,
먼저 다가와 인사해 주는 고양이도 만날 수 있죠. '사람이 살아
가는 세상에 함께 살고 있구나'라는 게 느껴져요. 또 관광지이다
보니 카페와 숙소가 많습니다. 주로 마당이 있다 보니 자유롭게
드나드는 고양이 손님들이 많이 찾아와요. 감사하게도 많은 사
장님이 귀한 생명을 외면하지 않으시고 사료와 물을 챙겨주고
계세요. 한 집 건너 한 집에 급식소가 있는 마을에서 살아가는
고양이들은 여러 마당을 오가며 입맛대로 밥을 먹죠. 사료가 맛
있기로 소문난 마당에는 고양이 손님이 붐비고, 넉살 좋은 고양
이는 그 공간의 마스코트가 되고 있어요.

길고양이 평균 수명은 3년이에요. 하지만 길 위에 살아도 먹을
게 풍족하면 조금 더 긴 생을 살 수 있어요. 도시와 제주에서 모
두, 동네 고양이 급식소가 마련된 영역에 살아가는 고양이는 평
균 수명 이상으로 사람과 오랜 시간을 살아요. 길 위에 산다고
항상 불행하지 않고, 어쩌면 집 안에 사는 고양이만큼 어쩌면
그 이상의 행복한 삶을 누릴 수 있어요. 고양이 곁에 좋은 사람
들이 공생하고 있다면요. 길고양이에 대한 인식을 개선하기 위
한 전시도 몇 년째 계속하고 있습니다. 2022년에는 서울에서 <
봄은 고양이로다>라는 전시를 해요. 수익금은 유기묘와 길고양
이를 돕는데 사용된답니다. 전시에 오신 분 중에 제가 할머니인
줄 알았다고 놀라는 분이 꽤 많으세요. 젊은 분이 왜 '할망'이냐
며…(웃음) 할망은 제가 워낙 제주를 좋아하기도 하고, 당시 직
장에서의 별명이 '할멈'이었어서 지었던 이름이에요. 뭐, 저도
언젠가는 진짜 할망이 될 거잖아요? 할머니가 돼서도 고양이가
있는 따뜻한 풍경을 그리며 소소한 행복을 찾고 싶어요.

Beach Village Cats

갯마을 고양이

고양이가 모여 산다는 소문을 듣고 강화도의 어느 갯마을을 찾았다. 아름다운 낙조를 보기 위해 주말마다 밀려드는 인파로 발 디딜 틈 없는 관광지이지만, 그날은 횟집들이 정기휴무로 일제히 가게를 닫아 한산했다. 갯마을 고양이들은 모처럼의 고요한 휴일을 무얼 하며 보낼까.

글·사진 진소라 @cat_by_snap

작은 이웃을 위한 바다

PM 3:00 간조 푸른 바다의 풍광 속 고양이들을 만나기 위해 찾아온 바닷가. 그런데 막상 도착해보니 바닷물이 완전히 빠져 있었고, 고양이 꼬리조차 보이지 않아 내심 실망스러웠다. 여행을 떠나기 전 물때를 확인하지 않은 게 후회되는 순간이었다.

고양이를 만날 수 있을 거란 희망을 품고 마을을 한 바퀴 돌아봤지만, 결국 찾을 수 없었다. 시간은 야속하게 흘렀고, 체념한 채 멍하게 텅 빈 바다를 바라보는데, 저 멀리 고양이가 보였다! 갯벌에 고양이가 있을 줄이야… 그것도 한 마리가 아닌 여러 마리였다. 얼굴 큰 턱시도, 귀염상 노랑이, 야무진 풍채의 고등어. 각기 다른 개성이 느껴지는 고양이들은 가족은 아니고, 친구 사이거나 이웃 사이 같았다.

고양이들은 갯벌을 거닐며 조갯살, 작은 생선 등 먹을 만한 것을 보물찾기하듯 찾아다녔다. 갯벌의 축축한 촉감도 감수할 정도로 요깃거리 찾기에 진심이었다.
갯벌 위에 정박한 고기잡이배는 고양이들의 놀이터였다. 고양이들은 배를 정박하기 위해 내린 계류 로프를 스크래처 삼아 긁었다. 아무래도 어촌마을이다 보니 나무보다는 선박 밧줄이 흔했다. 고양이들이 배 위에 올라갈 수 있었던 것도 밧줄 재질의 로프 덕분이었는데, 고등어 고양이는 로프를 긁고 올라타며 자신이 영역의 대장이라는 걸 뽐내려는 듯했다. 근엄한 표정과 위풍당당한 기세가 과연 대장다웠다.

PM 5:00 해가 뉘엿뉘엿 저물고, 고양이들이 하나둘 육지로 올라왔다. 어쩌면 경험상 바닷물이 차오를 거라는 걸 직감하고 있었는지도 모른다. 아이들이 모두 갯벌을 빠져 나온 후 바닷물이 차오르는 속도가 걷잡을 수 없을 정도로 빨라지기 시작했다.

PM 7:00 만조 환히 조명을 켠 고기잡이배가 뱃고동 소리를 내며 항구로 들어왔다. 덩달아 고양이들의 배꼽시계도 울리는 시간. 나를 생선 가득 들고 온 어부라고 착각했는지 마을의 고양이들이 내 주변으로 몰려들었다. 앳되어 보이는 고양이도, 몸이 불편해 보이는 고양이도, 대장 고양이도 다들 똑같은 기대를 품고 다가왔다. 고양이들 주려고 가방 주머니에 바리바리 싸 들고 온 간식을 꺼냈다. 싱싱하고 맛 좋은 생선이 아닌 데도 맛있게 먹어주니 고맙고, 뿌듯하다. 가벼워진 가방의 무게만큼 마음도 가벼워진 듯하다.

무작정 찾아갔기에 오히려 운 좋은 여행이었다. 갯벌의 물때는 날마다 다른데, 준비가 미흡했던 덕분에(?) 간조의 갯벌을 즐기는 고양이도, 만조의 활기찬 고양이도 볼 수 있었으니 말이다. 그날 나는 예상치 못한 멋진 풍경도 원 없이 눈에 담고, 즐거운 추억도 가득 안고 돌아왔는데, 갯마을 고양이들에게는 어떤 하루였을지… 그들도 나를 만나 조금은 행복한 하루였기를 바라본다.

Little Neighbor

섬마을 작은 이웃, 영도

"이모, 일마 어미젖도 못 얻어먹는데… 고마 내가 데꼬가서 키워도 됩니까?"
10년 전 어느 날. 여느 때처럼 퇴근 후 부산 영도다리 아래 포장마차를 찾았습니다. 술 한
잔을 핑계로, 사실은 아기 고양이들을 보러 간 거였죠. 포장마차 사장님이 챙겨주는 밥과
손님들이 던져주는 생선구이를 먹는 두 녀석이었어요. 그런데 그 날, 어미가 나타나 한 놈
에겐 젖을 먹이고 그루밍도 하더니, 나머지 놈에겐 '하악질'을 하며 매몰차게 굴더군요.
둘 중 사람 손을 더 많이 탄 아이였습니다. 그 모습이 어찌나 안쓰럽고 짠하던지…. 그렇
게 포장마차 사장님의 허락을 구하고 덜컥 집으로 데려온 게 시작이었어요. 바닷가에서
만났으니까 '해(海)', 나랑 행복하게 살자고 '랑'. 해랑이는 첫 반려고양이가 되었습니다.

글·사진 해랑 @haerang_919 / 에디터 박재림

작은 이웃을 위한 시

누렁아 마, 어데가노?
이리 와가 밥 묵꼬 가라

전 바다와 인연이 깊어요. 강원도 삼척 해안가에서 나고 자랐으며 성인이 된 뒤에도 평택, 울산, 사천 등 바다와 접한 곳에서 지냈죠. 2011년 4면이 바다로 둘러싸인 영도에서 직장 생활을 시작했고 1년이 지나기 전에 바다내음 가득 품은 고양이를 만나 반려하게 됐습니다. 어릴 적 고향을 떠올리게 하는, 그리고 정겨운 사람 냄새가 맴도는 작은 섬. 영도는 '직장이 있는 곳' 이상의 장소가 되어갔죠.

고향을 떠나 타지에서 지내며 생긴 취미가 있어요. 사진 촬영이죠. 해랑이를 반려한 뒤 길고양이들에게 더 눈길이 자주 가더라구요. 그러다 부산의 한 작은 마을 골목길에서 길고양이 가족을 만나 사진을 찍었고, 이후 그 중 한 친구를 둘째 반려묘(꽃분이)로 맞이하게 됐어요. 그때부터 '작은 이웃'들을 본격적으로 카메라에 담은 것 같아요. 그들을 보살피는 주민들도 함께 말이죠. 점차 반경이 늘어나 부산을 너머 다른 지역에서도 고양이와 사람들의 일상을 기록하게 됐습니다.

그 덕분에 2018년 7월 영도 흰여울길 카페 <게으른 고양이>의 '작은 이웃' 사진전에 참가할 수 있었어요. 이 때 여러 사진작가님과 동물보호활동가님을 만나면서 길고양이와 사람의 공존에 관한 대화를 많이 나누었습니다. 영도 고양이들은 늘 느긋하고 당당해요. 그만큼 동네 고양이를 챙기는 분들이 많다는 의미가 아닐까 해요. 해돋이 마을의 할아버지께서 무뚝뚝한 사투리로 골목길 고양이를 불러 밥을 주시던 모습, 시장에서 고양이를 옆에 두고 과일을 파는 할머니의 모습이 떠오릅니다.

종종 봉래산을 향하는 가파른 골목길을 오르곤 해요. 군데군데 고양이들 지내라고 주민들이 만들어 놓은 집을 보면 미소가 번집니다. 가쁜 숨을 내쉬다 고개를 돌리면 북항대교(부산항대교)가 보여요. 해질녘, 다리에 조명이 들어와 반짝반짝 빛나기 시작하죠. 그 순간 눈이 마주친 고양이들에게 말을 건네 봅니다. "너희는 따스한 곳에서, 매일 동화 같은 풍경을 보며 사는구나."

Little Neighbor

섬마을 작은 이웃, 연화도

고양이를 찍기 시작한 이후로 여러 지방을 다녔어요. 그 중 하나가 통영의 작은 섬 연화도
랍니다. 지인이 여행 중 고양이 대가족을 만났다기에 2019년 초 무작정 떠났죠. 그 첫 날,
정자에서 보슬비를 피하는데 고양이 하나가 홀연히 나타났어요. 챙겨간 간식을 뜯었더니
사방에서 고양이들이 나타나 얼른 달라고 야옹 야옹 합창을 하더라고요. '제대로 왔구나'
싶었죠, 하하. 집에서 연화도까지 편도 4시간 정도가 걸리는데, 2년 만에 열다섯 번은 다
녀온 것 같아요. 이곳 마을 전(前) 이장님 집 앞에는 수국이 종류별로 있어요. 6월이면 아
름답게 만개하죠. 그곳에서 만난 턱시도 고양이예요. 수국이 고양이에게 위험하다곤 하
는데 섬마을 고양이들이 수국으로 탈이 난 적은 없다고 해요. 똑똑한 친구들입니다.

글·사진 해랑 @haerang_919 / 에디터 박재림

작은 이웃을 위한 시

연화도는 조용하고 한적한 곳이에요. 머릿속이 복잡하거나 재충전이 필요할 때 훌쩍 떠나 힘을 얻고 오죠. 섬에 사시는 분들에게 저는 여행자이자 '고양이를 좋아하는 사람'이라 사소한 행동과 말투에도 신경을 쓰는 편이에요. 고양이에게 밥과 간식을 주면서 생긴 쓰레기는 모두 챙겨서 종량제 봉투에 담아 온다거나, 주민분들을 만나면 먼저 웃으며 인사를 하는 식으로요. 이곳도 고양이를 챙겨주는 분들이 많아요. 민박집을 운영하시는 이장님은 구운 생선을 고양이들에게 주세요. 카페 사장님은 아프거나 약한 고양이를 특별히 더 돌보시고요.

고양이들에게 밥을 준 뒤, 녀석들이 먹을 동안 바다를 구경하려고 선착장으로 갔는데 몇몇 친구들이 거기까지 찾아온 적이 있어요. 특별 간식을 줘야겠다 싶어서 '짭짭이(보통 츄르라고 부르는 짜 먹는 간식이에요. 한 반려인 할머님께서 이걸 주면 고양이가 짭짭하고 먹는다고 짭짭이라고 부르세요. 어감도 좋고 한글이라서 저도 그렇게 부른답니다)'를 뜯었어요. 그러자 늦게 온 치즈 고양이 녀석이 마음이 급했는지 턱시도 고양이의 입을 손으로 막더라고요. 그 모습이 어찌나 웃기던지 재빨리 셔터에 담았죠. 소문이 퍼졌는지 다른 고양이들도 우르르 몰려와서 다들 제 손만 바라보던 순간이 기억납니다.

고양이를 만난 뒤 제 인생은 크게 바뀌었습니다. 첫째 해랑, 지금은 하늘의 별이 되어 우리를 지켜보고 있을 둘째 꽃분이, 모든 걸 체념한 듯 소나기를 맞고 있는 아이를 구조해서 셋째로 들인 '나기', 사진전에서 만난 인연을 통해 입양하게 된 막내 '설기'까지 반려묘들과 일상을 보내고 있어요. 부산과 연화도는 물론 남해 바닷가, 지리산 끝자락의 작은 마을 등 여러 곳에서 고양이들과 눈을 마주쳤고요. 또 고양이 '한나'와 살아가는 할머님, 부식가게 할머님을 포함한 특별한 인연을 맺을 수 있었죠.

길고양이 인식 개선을 위한 지하철 광고 프로젝트에도 동참했어요. '찰카기' 김하연 작가님께서 이끄는 <티끌모아 광고 캠페인>이죠. 2019년 '길에서 태어났지만 우리의 이웃입니다'를 시작으로 2020년 '우리는 물건이 아니에요'에 이어 올해 '모두 늙어서 죽었으면 좋겠다'라는 슬로건 아래 진행되었습니다. 광고는 서울, 부산, 광주, 대전, 인천, 대구 등 전국 지하철에서 보실 수 있어요. 길고양이 새끼 생존률 25%를 뚫었음에도 평균 수명이 2~3년에 불과한 우리 작은 이웃들이 바람처럼 잠시 머무는 것이 아닌 주어진 삶을 다 누리기를 바랍니다.

The Fragrant Island, with cats

쑥섬과 고양이, 그 '무던한' 공생

전라남도 고흥군의 작은 섬 애도(艾島). 한글로 풀면 '쑥섬'인 이곳은 약 32만㎡ 면적의
아담한 곳이다. 경기도 고양시 일산호수공원의 호수(약 30만㎡)보다 살짝 클 뿐이니까.
봄철 향긋한 쑥내음이 맴돌던 쑥섬의 6월은 만개한 수국이 마음을 간지럽힌다. 그 밖에
난대원시림, 해안 산책로가 유명한 이곳을 수식하는 존재가 또 하나 있으니, 바로 고양
이다. 국내 최초 '고양이섬'으로 알려진 곳, 묘(猫)한 매력이 파도치는 그곳을 다녀왔다.

글 박재림

쑥섬에 가려면 고흥 시가지에서 남동쪽으로 30km 이상을 더 내려가야 한다. 우주센터가 있는 곳으로 유명한 외나로도까지 말이다. 그리고 나로도연안여객선터미널에 도착하면 바다 건너 약 500m 떨어진 곳에 작은 섬이 보인다. 쑥섬행 정기선을 타고 5분이면 마침내 최종 목적지에 발을 내딛을 수 있다.

쑥섬을 소개하는 안내문과 함께 고양이 조형물이 이방인을 맞이한다. 안내문에 따르면 이곳에 처음 사람이 들어와서 살기 시작한 건 400년 전이며, 한 때 400명 이상이 거주하는 부촌(富村)이었다. 그리고 고양이와 함께하는 섬이라는 설명이 이어진다. 과연, 몇 걸음 만에 고양이 한 마리가 나타난다. 근사한 고동색과 흰색 털의 고양이는 경계심 없이 외지인에게 다가와 머리를 콩 부딪친다.

"갸는 가인이여, 가인이."

고양이 벽화가 그려진 집에서 나오신 할머님의 말씀이다. 고양이가 유명 트로트 가수와 닮았다고 붙여주신 이름이라고. 이내 3마리 고양이가 더 나타나 할머니 주변을 돌아다닌다. 올해 93세 고은심 할머니는 열일곱에 시집을 와서 평생을 쑥섬에서 살아오셨다고 한다. 언제부터, 어떤 이유로 고양이를 돌보셨냐는 질문에 당신께서는 "뭐 그냥 옛날부터 나는 어차피 집에 있으니까 애들 보이면 남은 밥 주고 그런 거지"라며 쑥스러운 듯 손사래다.

쑥섬 박강국 이장님에 따르면 2022년 5월 현재 쑥섬 인구는 15가구 25명이다. 고양이는 60여 마리 있다니 사람보다 고양이가 두 배 이상 많은 셈. 옛날 이야기가 이어졌다. 쑥섬 주민들도 처

@ssookseom

@ssookselim

음엔 소, 개, 닭을 키우려고 했단다. 그런데 이상하게도 가축들이 섬에 들어오면 시름시름 앓다 죽기를 반복했다고. 곳간의 쥐를 쫓으려 데려온 고양이들만 그 임무를 다하며 잘 지냈다.

"예전부터 어르신들이 말씀하시곤 했어요. 오로지 고양이만 마을 신(神)의 노여움을 사지 않은 거라고 말입니다. 왜 다른 동물들은 다 그렇게 되었는지 과학적 이유는 알 수 없습니다. 어쨌든 그렇게 우리 쑥섬 사람들에겐 고양이가 가장 가까운 동물이 되었습니다."

이런 사실과 이야기들이 섬 방문객들에게 알려지고 바깥 세상으로 퍼지며 2019년부터 '고양이 섬'이라는 별칭이 생겨났다고 한다. 고양이 애호가 및 단체의 관심과 지원도 늘었다. 고양이 집과 사료, 고양이 조형물 등이 섬으로 들어왔고 중성화 수술 등 의료 지원이 이어졌다. 고양이들을 보러 쑥섬을 찾는 관광객도 점차 늘어났다.

이장님의 설명을 들으며 마을을 함께 걷는다. "수원아" "수진아" "슈야" "핑돌아" 각자 이름이 공기 중으로 퍼지자 고양이들이 돌담길 담벼락 위에서, 폐가의 마당에서, 꽃밭에서 튀어나와 야옹야옹 인사를 건넨다. 이처럼 쑥섬 고양이들은 '야외생활'을 하고 있다. 도심 길고양이와 다르지 않다. 각자 영역을 기반으로 야생에서 생활한다. 그런 고양이들을 보며 '왜 집 안에서 키우지 않느냐'고 따져 묻는 관광객도 있었다고 한다.

이장님은 "쑥섬 주민들은 지금껏 고양이를 집 안에서 키운 적이 없다"고 했다. 인위적으로 '집고양이'를 만드는 대신 천성대로 살아가도록 개입을 최소화한 것. 배는 곯지 말라고 밥을 챙겨 줄 뿐, 나머지는 서로가 자연의 흐름에 맞춰 살아왔다. 고양이섬으로 이름을 알리게 되었다고 특별히 변한 것은 없다. 겨울이면 후원 받은 고양이 집에 헌 옷을 깔아주는 정도가 추가됐다.

한 편의 영화가 떠오른다. 인구 1500만 명이 넘는 대도시, 터키 이스탄불의 길고양이를 담은 다큐멘터리 <고양이 케디>. 영화 속 고양이들은 도심 곳곳을 자유롭게 누비고 있었다. 마치 캣타워 타듯 오토바이, 자동차, 카페 테이블, 건물 지붕 등을 뛰어다니며. 그런 고양이들과 같은 프레임에 속한 이스탄불 시민들은 과한 친절도, 혐오도 없이 그저 제 할 일을 할 뿐이었다.

쑥섬도 그렇다. 정박한 배를 고정하는 나무 말뚝을 긁으며 발톱 관리를 하는 고양이, 돌담길 담벼락으로 뛰어오르는 고양이, 돌과 나뭇가지에 몸을 비비는 고양이. 이들은 본능에 충실하며 쑥섬의 일상을 제 나름대로 채색하고 있다. 쑥을 캐고, 화원을 가꾸고, 물고기를 잡는 주민들 사이에서 말이다. 사람은 사람대로, 고양이는 고양이대로 각자의 삶을 영위하며 그 자체로 화합하는 곳. 쑥섬의 '따로, 또 같이'는 무던하고 은근한 정이었다.

이곳은 로드킬(Road kill) 가능성이 0에 수렴한다. 자동차가 없기 때문이다. 꼭 필요할 때 부르는 소형 유조차, 인분차, 용달차 등이 배를 타고 섬으로 들어왔다가 이내 다시 뭍으로 나갈 뿐이다. 마찬가지, 이방인에게도 이별의 시간이 다가왔다. 정기선에 몸을 싣고 멀어지는 섬을 바라보며 기원했다. 쑥섬과 고양이들의 '무던한 공생'이 계속되기를.

@ssookseon

6월에도 도담, 나리리지

THE NARI IN ULLEUNG, SPRING IS HERE

글·사진 유순희, 이지영 @nari.ulleung X 에디터 바지락

봄 햇살 가득 채워진
커다란 고양이 밥그릇

한국에서 아홉 번째로 큰 섬 울릉도는 대부분이 산지로 이루어졌다. 전체 면적의 3%도 되지 않는 '나리분지'가 유일한 평야지대. 해발고지 약 400m 고지대에 위치한 이곳은, 그 주변을 성인봉(984m) 등 높은 산들이 에워싸고 있다. 마치 거대한 고양이 밥그릇 같달까. 그런 의미에서 나리분지로 쏟아지는 6월의 햇살은, 주둥이를 들이미는 '걸리버 고양이'다.

국내 다른 지역이 여름에 접어든 반면 울릉도, 특히 나리분지는 여전히 봄 기운이 완연하다. 진노랑 나리꽃, 새하얀 산마늘(명이나물)꽃, 붉은 양귀비꽃이 하늘거리며 인사를 건넨다. 평상 딸린 작은 상점이 보인다. 오늘의 최종 목적지, 경북 울릉군 북면 나리길 591 <나리상회>. 유소현-이재명 부부가 운영하는, 울릉도의 각종 산나물과 특산품, 그리고 커피 등 마실거리 등을 파는 곳이다.

"저흰 원래 도시에서 살았어요. 둘 다 캠핑, 등산, 백패킹을 즐겼죠. 2018년 1월 울릉도로 여행을 왔고 나리분지에 마음을 빼앗겼어요. 한눈에 반했달까요? 귀촌까지 딱 2개월 걸렸어요. 농사를 짓고, 직접 나무를 해서 화목 보일러를 때는 등 자연에서 자급자족 생활이 어느덧 4년째네요. 나리상회에서 여행객들과 소통하는 재미도 쏠쏠합ㅣ다."

특별한 가족도 있다. 반려 고양이 '견우'가 주인공. 2019년 7월 7일 칠석날 처음 연을 맺은 길고양이로, 입양 후 섬 내 유일한 동물병원을 찾았다가 동화 같은 사실을 알게 되었다. 발육 상태 등을 봤을 때 견우가 태어난 시기는 2018년 봄, 다시 말해 부부가 울릉도에 정착한 그맘때라는 거였다. 1년 간 두 사람을 지켜본 길냥이로부터 간택을 당한(?) 셈이다.

견우는 나리상회의 마스코트다. 여행객들의 시선을 훔쳐 가게 안으로 발길을 옮기게 만드는 재주가 있다. 손님들의 사진과 영상 속 주인공이 되는 것에도 거부감이 없다. 귀여운 견우를 만나겠다는 일념 하나로 이 머나먼 섬 산골마을을 기꺼이 찾겠다는 열성팬들도 있다나.

인기묘 견우는 마당냥, 아니, 자연냥 이다. 부부네 집에서 잠자는 시간을 제외하면 온종일 나리분지 이곳저곳을 누빈다. 채소밭에 따라와 농사일에 참견(?)을 하고, 까망색 털이 매력적인 길고양이 '흑당이'와 꽁냥꽁냥 연애질도 한다. 사냥은 또 어찌나 좋아하는지 쥐, 작은 새 등을 종종 잡아온다. 하루는 어디서 어떻게 잡은 건지 커다란 꿩을 물고 와서 부부를 아연실색케 한 적도 있다고. 두 사람은 "하루 종일 밖에서 놀다가 집에 돌아와서는 발 닦아 달라며 벌러덩 눕는 귀여운 아이인데…"라며 겸연쩍게 웃었다.

"견우를 보고 있으면 '역시 울릉도 고양이구나' 싶을 때가 많아요. 나리분지에서 재배한 옥수수와 울릉도 바다에서 잡은 생선을 정말 좋아하거든요. 삶은 옥수수를 맛있게 받아먹는 모습이 어찌나 귀여운지 몰라요. 종종 지인들로부터 생선을 받으면 견우 몫을 따로 챙겨요. 횟감을 다듬는 소리만 들리면 어디선가 견우가 나타나 서 달라고 보챈답니다, 하하."

유소현 대표는 견우를 만나기 전부터 길고양이들과 묘연이 잦았다. 육지에서 식당을 운영하던 시절 인근 고양이들을 8년 동안 보살폈다. 급식소를 만들어 밥을 챙겨주고 다친 아이를 보면 동물병원도 데려갔다. 울릉도 나리분지로 귀촌 후에도 고양이 사랑은 이어졌다. 나리상회 평상 아래는 동네 고양이들이 굶주린 배를 채우는 공간이 되었다. 고양이들 사이에서 그 소문이 퍼진 덕에 견우 역시 나리상회를 찾아온 것일지도 모른다.

부부는 아주 바쁜 봄을 보냈다. 매일같이 해발 500~800m 산에 올라 명이나물, 미역취, 부지깽이 등 자연산 산나물을 채취했다. 그것들을 말리고, 장아찌로 가공해서 나리상회에서 판매했다. 6월은 만남의 계절이다. 푸른 산과 색색의 꽃에 이끌려 온 여행객들과 인연을 쌓아간다. 밤하늘 은하수가 흩뿌려지는 늦여름과 가을을 지나면 11월부터 긴 겨울이 찾아온다. 하루 만에 2~3m 눈이 쌓인다는 나리분지는 대표적인 다설지(多雪地)다.

"이곳은 교통문제로 겨울에는 관광객 방문이 어려워요. 또 눈이 너무 많이 쌓이는 곳이라 주민들도 겨울에 육지로 나갔다가 봄이 되면 다시 돌아오는 경우가 많습니다. 봄부터 가을까지 열심히 일한 뒤 겨울방학을 보내는 셈이죠. 저희 부부도 2019년 11월부터 약 두 달 간 네팔로 떠나 트레킹을 했어요. 그동안 견우는 마을에 남은 이웃 주민께서 돌봐주셨죠. 코로나 시대 이후로는 겨울에도 나리분지에 머무르는 날이 늘었어요. 호젓한 겨울 풍경 아래 견우와 함께 눈밭을 밟는 재미를 알게 되었죠."

부부는 SNS에 날씨, 교통편, 각종 이용시설 운영 여부 등 여행객을 위한 게시물을 수시로 업로드한다. 마치 울릉도와 나리분지 홍보대사 같다는 말에 두 사람은 빙긋 웃으며 "여행 인프라가 잘 갖춰진 곳이 아니잖아요. 여행자들이 궁금해하는 정보를 수시로 공유하면 도움이 될 것 같았어요"라며 "저희 역시 여행객이었다가 이곳의 매력에 빠져서 아예 눌러앉게 되었잖아요. 나리분지의 아름다움을 많은 분과 공유하고 싶은 마음도 있어요"라고 답했다.

일단 1년만 살아보자, 라는 마음으로 시작한 울릉도 나리분지 라이프. 마트도 없고, 택배는 일주일씩 걸리는 산골마을에서의 생활이 처음엔 불편하기도 했지만, 적응기를 거치니 매일매일 행복지수가 높아졌단다. 그렇게 처음의 각오와 계획을 뛰어넘는 시간이 쌓여갔고 꼭 그만큼의 묘생을 살아온 고양이와 두 사람은 하루 하루를 살아가고 있다.

"다람쥐 쳇바퀴 도는 듯한 삭막한 도시에서 벗어나 행복한 오늘을 보내고 있어요. 나리분지에서의 삶을 한 마디로 표현하면 '여행 같은 일상, 일상 같은 여행'이라고 할 수 있을 것 같아요. 아름다운 자연 속에서 고양이와 함께 살아가며 여행객들과 소통하는 지금이 참으로 좋습니다."

THE NARI IN ULLEUNG, SPRING IS HERE

This basin in island just looks like a huge cat's food bowl

LIVE IN TINY ISLAND

글·사진 잇섭 Youtube <잇섭> / 에디터 박지원

CATS IN ISLAND

항상 열려 있는 대문을 제 집 드나들듯,
가장 오래 머무는 곳이 곧 녀석들의 집

오늘도 정신없이 살아가고 있을
도시의 고양이들 몫까지

편집 디자이너로 오래 일하는 사이 업계 고질병이라는 디스크가 찾아왔다. 진짜 무서운 불청객은 따로 있었다. 반복되는 일상이 배설한 지겨움. 그러다 우연히 작은 섬을 찾았다. 자연을 촬영하며 새로운 동력을 얻었다. 더 많은 섬을 더 자주 찾았다. 그렇게 너희들을 만나고 추억을 쌓았다.

너희는 도시의 고양이들과 달랐다. 도로 위를 쌩쌩 달리는 자동차도, 찢어지는 소음도, 차가운 빌딩도 없는 곳에서 살고 있으니까. 파도 소리, 새 소리를 배경으로 물 빠진 해안을 뛰노는 너희를 보면서 생각했다. 이곳은 생존 그 자체를 위해 애쓰지 않아도 되는구나, 섬은 여유로운 놀이터 같은 곳이구나.

너희는 그 옛날 쥐잡이로 섬에 오게 됐다지. 용병처럼 입도해 지금은 주민들의 이웃, 섬의 가족이 되었구나. 인기척에도 도망치지 않는 너희는 평화롭게 오후의 햇살을 즐길 뿐이야. 조업을 마친 배가 돌아오고 순박한 어부는 선착장으로 모여든 작은 이웃들에게 손질한 생선을 던져주지. 마치 먹이를 구해온 어미새처럼.

볕에 말리고 있는 생선을 탐하다가 혼나는 너희 모습에서, 동네 어르신에게 꿀밤 맞는 장난꾸러기 꼬마들이 오버랩 된다. 앞으로도 평화로운 섬에서 여유롭게 살아가기를. 오늘도 정신없이 살아가는 도시 고양이들 몫까지 말이다.

JUST NATURALLY, AOSHIMA

ねこのてんし

この付近での餌やりは
ご遠慮ください！
皆様のご迷惑とならない様に
ネコと遊んでください。

글 소곤 / 사진 박용준 @endeva

아오시마에서는
진짜 길고양이들의 삶이 펼쳐진다

내가 사는 아파트 단지 안에서 자주 마주치는 치즈고양이 한 마리가 있다. 밥과 잠자리를 챙겨주는 이가 있는지 분리수거장 한편에서 주로 머무는 듯 했다. 얼마 전 아파트 커뮤니티 게시판에 글 하나가 올라왔다. '요즘 그 고양이가 안 보이던데, 혹시 아는 분 계신가요?'

걱정과 궁금증이 섞인 내용이었는데 댓글난에선 싸움이 붙어있었다. 고양이가 무섭고 더러우니 밥을 주지 말라는 누군가의 댓글로 비롯된 갑론을박이었다. 인터넷 상에서 수없이 보던 익숙한 다툼이 우리 동네에서도 벌어지고 있다는 사실이 씁쓸했다.

우리나라 길고양이는 유독 사람을 경계하고 피한다. 그렇다고 그 반응에 섭섭함을 느끼기도 뭣하다. 오히려 사람을 좋아하고 지나치게 경계심이 없는 고양이가 나쁜 일을 당할 확률이 높기 때문이다. 고양이를 좋아하는 사람도 많지만, 고양이는 불길하고 시끄럽게 울고 쓰레기봉투를 뜯는 등 불편을 끼친다는 사람도 여전히 많다. 그 중에는 길고양이에게 해코지를 하는 이도 있다. 외국은 길고양이가 사람들을 피하지 않고 여유롭게 자신들만의

속도로 살아가는 모습을 종종 볼 수 있다. 일본 에히메현의 '아오시마'도 바로 그런 곳이라 했다. 고양이 천국이라 불리는 이 작은 섬은 20여 명의 주민과 100마리가 넘는 고양이가 산다고. 사람보다 고양이가 훨씬 더 많은 곳, 고양이와 함께 살아가는 게 일상인 곳은 어떤 모습일지 궁금했다. 꼭 한 번 가보고 싶었다.

JR 마쓰야마시역에서 기차로 1시간 정도 이동, 이요나가하마역에 내리면 도보 2분 거리에 선착장이 있다. 내가 여행한 당시 아오시마로 들어가는 배는 하루에 딱 두 차례 있었다. 오전 8시 정각과 오후 2시 30분. 다시 나오는 배 시간은 오전 8시 45분과 오후 4시 15분이었다. 고양이는 많지만 편의점도, 식당도, 카페도 아무것도 없는 섬이라 2시 30분 배를 타고 들어가 4시 15분에 나오기로 했다.

바다를 가로지르며 배가 달리기 시작하고, 섬이 가까워지자 탑승객들이 여기저기서 목소리를 높였다. 그들의 손가락 끝을 따라가니 어슬렁거리는 고양이들이 하나둘 보였다. 관광객들이 간식을 가지고 온다는 사실을 알기 때문인지 고양이들이 우르르 선착장으로 몰려나왔다. 그렇게 배에서 내리자마자 만난 수십 마리의 고양이들. 눈을 어디에 두어야 할지 모를 정도로 많았다. 해초를 말린 듯한 넓은 돗자리를 빙 둘러 걸어오는 녀석도 있었고, 근처까지 다가와서 바닥에 철푸덕 누워 버리는 아이도 있었다.

대만에도 고양이 마을로 유명한 '허우통'이 있다. 그곳은 사람이 찾지 않는 오래된 탄광촌이었다가 고양이를 테마로 한 관광지로 변신하며 사람들을 불러모았다고 한다. 그래서 간단한 먹거리를 팔기도 하고 기념품숍도 있다. 하지만 아오시마는 그저 많은 고양이가 살고 있는 섬이다. 마을은 1시간이면 충분히 둘러볼 수 있을 만큼 작고, 그 흔한 편의점 하나 없다. 여행객을 통한 수익 활동도 하지 않는다. 여행객들 역시 주민들에게 피해를 주지 않도록 파란색으로 그어 놓은 선 안쪽으로만 다녀야 한다.

선착장에 모여든 고양이들은 이내 익숙한 듯 곳곳으로 흩어졌다. 집에 온 손님의 정체를 확인하고는 '별일 아니네' 하며 다시 돌아가 등 돌려 잠드는 집고양이처럼. 파란 테두리 길을 따라 섬 안쪽으로 5분 정도 걷자 고양이들이 모인 작은 광장이 나왔다. 수십 마리 고양이들이 어린아이가 들고 다니는 낚싯대 장난감을 따라 뛰어다니거나, 맛있는 간식을 기대하며 관광객들 옆에 모여들거나, 혹은 햇빛을 받으며 한껏 나른하게 자고 있었다.

실수로 고양이를 밟지는 않을까 조심조심 걸어서 한 쪽 벤치에 앉았다. 고양이가 옹기종기 모여 있거나 혹은 제각기 흩어져서 시간을 보내는 모습을 보니 애니메이션 <고양이의 보은>에 나올 법한 고양이 나라가 떠올랐다. 한편으로는 사람을 경계하거나 무서워하는 기색이 없는 모습이 조금은 낯설기도 했다. 같은 땅 위에서 살아가는 생명들이 별다른 일 없이 공존하는 일상이 이렇듯 특별하게 다가오다니.

고양이 20여 마리 만나는 동안 사람은 겨우 한두 명 정도 마주쳤을 뿐이었다. 사람들의 집과 일터에 고양이들이 가깝게 자리를 잡고 있어 방해가 될 법도 했지만 아무도 신경 쓰지 않는 눈치. 나도 방해가 되지 않도록 파란 선 안으로 산책하듯 걷다 보니, 어느 집 마당에는 고양이 여러 마리가 모여서 쉬고 있는 모습이 보였다.

동물병원도 없는 작은 시골 섬인지라 어딘가 몸이 안 좋아 보이는 고양이도 있고, 중성화가 된 고양이도 보이고 그렇지 않은 듯한 고양이들도 보였다. TNR을 진행하고 있다고는 하는데 사람에 비해 고양이의 수가 워낙 많다보니 사실상 디테일한 케어를 기대하긴 어려울 듯했다. 하지만 다들 마음만은 편해 보였다. 어쩌면 그 모습마저 길고양이들의 삶, 그 자체인지도 모르겠다.

아오시마 사람들은 처음에는 쥐잡이를 목적으로 고양이를 데리고 왔는데, 점차 사람들은 섬을 떠나고 고양이만 남았다고 한다. 오늘날 주민과 고양이의 삶의 동선은 상당 부분 겹쳐 있지만, 서로를 크게 신경 쓰지 않고 각자의 생활을 해나갈 뿐이다. 사람들은 밥을 챙겨주고, 고양이들은 그들의 방식대로 살아가는 섬. 누군가 애쓸 필요도 없고, 고통스러울 필요도 없이 자연스러운 곳.

모든 사람이 고양이를 사랑할 수는 없다. 다만 고양이를 싫어하는 사람이면 그저 무관심하게 지나치길 바란다. 이것이 무리한 희망일까. 길고양이는 사람에게 먼저 달려들거나 공격을 하지는 않는다. 최근 도를 넘는 길고양이 학대 사건이 늘어난 것 같다. 길고양이가 '백해무익'하다며 멸종시키려는 것처럼 보이기도 한다. 인간이 조금만 노력하면 충분히 공생할 수 있지 않을까.

한 시간가량 짧게 머무른 섬. 다시 배를 타고 아오시마를 떠나며, 이 섬의 고양이들이 언제까지고 안녕하길 기원했다. 더불어 사람과 고양이가 평범한 이웃으로 살아가는 날이 가까워지기를 다시 한 번 바랐다.

ねこと
じいちゃん

아내와 사별하고 조용한 섬 마을에 남겨진 할아버지와 고양이.
할아버지는 우연히 아내가 남긴 레시피 노트를 발견하는데, 노
트는 많이 비어 있다. 할아버지는 이 노트의 빈 장을 어떻게 채
워가게 될까.

자료제공 (주)엔케이컨텐츠 / 에디터 강해인

<고양이와 할아버지>는 섬마을에서 인간과 고양이의 공존을 보여주는 영화로 베스트셀러 동명 만화가 원작이다. 생명력 넘치는 바다가 배경이지만, 섬마을에 남겨진 노인들은 홀로 남겨진 쓸쓸함에 생기를 잃어가고 있다. 이런 그들의 옆 자리를 지켜주는 건 마을에 함께 살고 있는 다정한 고양이들이다. 마을 사람들과 고양이들은 서로를 위로하고, 많은 것을 공유하며 즐거움과 희망으로 하루를 채워 나간다. 그렇게 <고양이와 할아버지>는 '반려'라는 단어의 의미를 되새기게 한다.

과거엔 '도둑 고양이'라는 말을 많이 사용했었다. 집에서 살지 않고 거리를 떠도는 주인 없는 고양이를 부르던 말로 '도둑'이라는 표현에서 고양이를 어떤 존재로 보고 있는지 엿볼 수 있다. 이후 '길고양이'가 표준어로 등재되면서 대체 되었는데, 고양이를 향한 사회의 변화된 인식이 반영된 결과물이다. 과거의 고양이는 도시에서 인간의 물건을 훔치거나 얹혀사는 존재라 여겨졌다면, 이제는 인간과 대등하게 공간을 공유하는 존재로 인정받은 것이다. 도시는 인간만의 것이 아니고 홀로 살아가는 곳도 아니다.

이런 가치관은 <고양이와 할아버지>에서도 잘 보인다. 공간을 공유하는 존재로서 고양이와 사람의 조화가 돋보이는 작품이다. 영화는 아내가 죽은 뒤 남겨진 할아버지 '다이키치'와 6살 고양이 '타마'가 마을 사람들과 겪는 소소한 일상을 담고 있다. 마을 사람들은 고양이와 같이 산책하고, 음식을 나눠주고, 따뜻한 안식처도 제공하는 보호자들이다. 하지만 그들은 고양이들에게 자신들의 방식을 강요하지는 않는다. 고양이들은 원하는 시간, 원하는 곳을 떠돌고, 마을 사람들은 그들의 삶에 개입하지 않는다. 그저 대등한 존재로서 살아간다.

<고양이와 할아버지>는 노년의 남자가 먼저 떠난 아내를 그리워하며 아내가 남긴 레시피 노트를 채워 나가는 이야기다. 이 남자를 그림자처럼 따라다니는 고양이의 존재감이 크고, 따뜻하게 다가오면서 '함께'의 가치를 되새기게 한다. 이 영화를 통해 서로의 삶을 존중하고, 또 의지하는 이들을 통해 반려동물의 의미, 그리고 우리가 주인이라 생각했던 공간에 관한 인식을 다시 생각해보자. 언제 어디서든 우리는 함께 걸어야 할 동반자일 테니까.

"누구든 편안하게 들러주시면 좋겠어요.
고양이도 언제나 환영이고요."

"남겨지는 건 외롭잖아.
그런 일을 두 번이나 겪으면, 고양이도 힘들 테니까."

"나도, 타마도 여기가 좋다.
한 사람과 고양이 한 마리가 어떻게든 살아 보마."

고양이와 할아버지

Another Family
In Our Road

거리 속 또 하나의 가족 '코리안쇼트헤어'

매일 아침 출근길에 만나는 친구가 있다. 이 길의 터줏대감 치즈색 길
고양이. 이 친구 덕분에 따분한 출근길이 즐겁다. 그런데 언젠가부터 출
근길에 마중 나온 고양이들이 하나, 둘 늘어났다. 이 도시엔 고양이들만
사는 섬이라도 있나 보다. 언젠가부터 한반도를 고양이들만의 섬으로
만든 '코리안쇼트헤어'. 그들은 우리와 어떻게 함께 살고 있었을까.

사진 안진환 @jji_nan / **에디터** 강해인

Q. 우리나라에서 가장 자주 볼 수 있지만, 의외로 이름을 잘 모르는 분이 많을 것 같아요. 이 자리에서 제대로 자기소개 부탁드립니다.

오늘도 분명 저를 만난 분들이 있을 텐데, 이름을 모르시는 것 같아 서운했어요. 특히 어른들은 '나비'라고 많이 부르고 계셔서, 제 정체성에 관해 심각하게 고민을 한적도 있거든요. 오늘 정식으로 인사드립니다! 안녕하세요. 저는 한국에서 여러분과 함께 살아온 고양이 코리안쇼트헤어예요. '코숏'이라고도 불리죠. 국가대표 느낌이 나지 않나요? 어떻게 보면 대한민국 대표 고양이니까 틀린 말도 아니겠네요.

사실 언제부터 코리안쇼트헤어라는 이름으로 불렸는지는 확실하지 않아요. 한국에서 고양이를 사랑하는 분들이 '아메리칸쇼트헤어'라는 이름에서 따온 것으로 추측하고 있죠. 이름처럼 우리나라의 첫 번째이자 가장 오래된 고양이라 엄청난 사랑도 받고 있답니다. 정확한 숫자로 저의 인기를 알려드릴게요. '2021 반려동물보고서'에 따르면 한국에선 전체 가구의 약 30%가 강아지나 고양이를 기르고 있다고 해요. 604만 가구, 1448만 명. 엄청난 숫자죠? 이 반려 가구 중 25%가 고양이와 함께하고 있고, 그 중 가장 많은 고양이가 저랍니다. 제 뒤로는 '러시안블루' '페르시안' 등이 있죠. 자랑하긴 싫지만 한국에서 한국 고양이가 대세인 건 어쩔 수 없나 봐요.

Q. 실례인 질문이지만, 정말 한국에서 태어나신 게 맞나요? 언제부터 저희와 함께 지냈는지 궁금해요.

'나 때는 말이야' 같은 이야기가 될 것 같아 조금 걱정은 되네요. 그래도 졸지 말고 잘 들어주세요. 저희 조상의 흔적은 여러 유물과 기록에 남아 있습니다. 5~6세기경 가야 토기에 저희 조상이 그려져 있었고, 9세기경 신라 왕궁 근처 우물에서 조상들의 뼈가 발견되기도 했죠. 이런 점들을 근거로 삼국시대부터 살았다고 추측하고 있답니다. 불교가 들어올 때 경전을 갉아먹는 쥐 문제를 해결하기 위해서 건너왔다고 하죠. 여기서 시간을 빠르게 넘겨, 조선시대의 기록을 보면 더 흥미로워요. 저희 조상을 모셨던 집사 중 가장 계급이 높았던 분이 바로 조선의 임금님이었거든요. 조선의 19대 왕이셨던 숙종의 고양이 사랑은 정말 유명하답니다. 아버지 현종의 능에 가던 길에 굶주린 노란 고양이를 발견한 숙종은 그 고양이에게 '금덕'이라 이름을 붙여 주시고 따뜻하게 보살피셨어요. 하지만 그 고양이는 새끼를 낳고 금방 세상을 떠나버렸고, 상실감이 컸던 숙종은 그 새끼를 '금손'이라 부르며 더 정성을 들이셨죠.

임금님이 금손이를 얼마나 아끼셨냐면, 같이 밥을 먹을 정도였다고 해요. 직접 고기 반찬을 주실 정도였죠. 여러분 조상님 중에 임금님과 함께 밥을 먹어본 분이 많지는 않을걸요? 그리고 일을 하실 때도 항상 곁에 두셨다고 합니다. 나중에 임금님이 세상을 떠나셨을 때는 금손이도 사흘을 통곡하다 임금을 따라갔다고 해요. 이를 가엽게 생각하신 인원황후께서 임금 묘소 옆 길가에 고양이를 묻어주셨다는 이야기가 전해지죠. 이 정도 기록이면 믿어주실 건가요?

Q. 그럼요! 우리도 한 민족이었네요. 코숏은 털의 색깔에 따라 다양하게 분류하더라고요. 그래서 별명도 많으신데, 대표적인 것 몇 개만 소개해주시겠어요?

다양한 색 덕분에 코숏은 팔색조 매력을 가지고 있어요. 오랜 시간 한국 곳곳에서 지내다 보니 혼혈이 많거든요. 그래서 다양한 색깔과 무늬를 가지고 있어 코숏의 이미지를 하나로 정의하기가 힘들죠. 이 기회에 하나씩 소개해드릴게요. 주황색 줄무늬를 가진 '치즈 태비', 흰 바탕에 회색과 검은색 줄무늬를 가진 '고등어', 온몸이 새까만 '올 블랙', 하나의 색 바탕에 두 색깔의 반점이 찍힌 '삼색이', 불규칙한 색과 무늬를 가진 '카오스', 턱시도를 입은 것 같은 '턱시도', 흰색 바탕에 검은 점 무늬가 있는 '젖소' 등이 있어요. 이렇게 색상으로 구분하는 것 외에도 생김새에 따라 개성 있는 별명도 있답니다. 입가에 짜장 양념이 묻은 것 같은 '짜장', 고양이 발 패드에서 이름을 딴 '젤리', 다리 부분에 경계가 있을 때 '양말' 등 센스 있는 애칭들이 많아요. 그냥 넘어갈 수도 있는 작은 특징인데, 한국인의 감성은 섬세하다는 걸 이런 데서 느낀답니다.

Q. 야외에서 활동하는 친구들이 많아서 그런지 정말 활발하실 것 같아요.

혼혈이 많다고 말씀드렸듯, 코숏은 많은 유전자가 섞인 탓에 성격이 유연한 것 같아요. 활발한 성격을 가진 친구들이 많죠. 길 위에서의 생활이 잦아서 그런지 야생성도 무척 강하답니다. 사냥 본능도 엄청나죠. 날렵한 몸놀림으로 쥐나 다람쥐, 새를 사냥하기도 해요.

이런 야생성 탓에 낯선 사람에게 경계심도 많은 편이에요. 물론 종종 강아지처럼 경계심이 약해 '개냥이'라고 불리는 친구들도 있어요. 길에서도 종종 만나 보셨죠? 아무튼 코숏은 평소 까칠하다는 인상도 있지만, 그 경계심만 허물 수 있다면 상황이 달라진답니다. 이런 점 덕분에 한국에서 가장 인기 있는 고양이가 될 수 있었다고 생각해요. 만약 저희와 함께 살게 된다면, 집사에게 표현하는 애교 탓에 마음이 녹아내리실 걸요?

Q. 활발한 성격으로 한국의 고양이 섬이라 불리는 쑥섬에서도 많이 볼 수 있었어요. 섬에서 이렇게 많이 목격되는 특별한 이유가 있을까요?

코리안쇼트헤어가 한국 고양이라는 유전적인 이유가 크겠죠. 함께한 역사가 길어 그 개체수도 많고, 이 땅에 잘 적응하기도 했어요. 오랜 시간 동안 여러 유전자가 섞여, 야생에서 잘 살아남을 수 있는 유연한 체질을 가지게 된 거죠. 그리고 성격도 한몫했어요! 섬 마을에 사는 분들과 자주 만나면서 경계심이 줄었고, 더 친근하게 다가갈 수 있었죠.

고양이 섬으로 유명해지면, 많은 분이 저희를 보러 방문하시잖아요. 이때 낯선 분들에겐 놀라서 조금 까칠할 수 있으니, 너무 갑자기 다가오는 말아주세요. 그리고 제가 밖에서 활동하는 모습을 많이 보셔서 그런지 굉장히 건강하다고 생각하는 분이 많습니다. 야생에 잘 적응한 건강한 종인건 맞지만, 집 밖엔 바이러스가 상상을 초월할 정도로 많아요. 고양이 백혈병, 전염성 복막염, 면역 결핍 바이러스 등에 노출되는 빈도가 꽤 높은 편이죠. 이건 치사율이 높은 무시무시한 병들이에요. 섬에서 함께하는 분들은 조금 더 신경 써주셨으면 좋겠어요. 그리고 저희를 집에서 반려하시는 분들은 예방접종을 꼭 해주시고, 건강검진도 자주 받아주세요. 코리안쇼트헤어의 간택을 받은 분들도 꼭 챙겨주시고요!

Q. 한국의 고양이 이슈와 가장 밀접하게 있는 분이라고 생각해요. 이곳에서 사는 데 어려움은 없으셨어요?

한국에서 정말 오래 살았지만, 이 사회에 적응하는 데엔 시간이 꽤 걸린 편이에요. 고양이를 바라보는 시선이 지금처럼 좋지만은 않았거든요. 예전엔 저를 '도둑고양이'라고 부르며 안 좋게 보는 분들이 많았어요. 너무 흔하다는 인식 탓인지 서를 귀찮게 생각하는 분이 많더라고요. 그땐 정말 서운했는데, 지금은 많은 분의 도움 덕에 이런 인식이 사라지고 있어요. 덕분에 이젠 '길고양이'라는 말이 표준어가 되었습니다.

그리고 이 자리를 빌려 길고양이를 싫어하시는 분들께도 이야기하고 싶은 게 있어요. 저희도 이 도시에 도움이 되는 일을 고민하고 있으니, 너무 미워하지 말아 주세요. 길에 쥐가 없는 데엔 저희도 큰 역할을 하고 있답니다. 초면엔 예민한 반응을 보이기도 하지만, 나쁜 마음은 없으니 섭섭해 마시고요. 여러분 옆에서 천년이 넘는 시간 동안 함께한 가족 같은 존재라는 걸 한 번 더 생각해주세요. 저도 한국에서 오랜 역사를 가진 종인 만큼, 같은 민족이라고 할 수 있잖아요!

Hello, I'm Mallang
I'm Looking For
My Family

말랑이♂ / 2019년 가을 출생 / 5kg

"안녕~ 나는 김말랑이다뭉. 세 번째 생일을 앞둔, 말 많은 치즈고양이다뭉. 지난 3년 간 임시보호해준 누나가 애정표현을 할 때 재잘재잘 입을 쉬지 않아서 그 모습을 보고 나도 그대로 배우게 되었다뭉. 또 기본적으로 휴면과 눈 맞추며 소통하는 걸 좋아하는 냥이다뭉. 예방접종을 완료하고 심장사상충과 구충약도 꼬박꼬박 챙긴 건강한 여묘이다뭉."

말랑이를 처음 만난 건 2019년 11월 28일이었어요. 동네 할머니께서 길고양이를 구조하셨는데 원래 반려하시던 고양이와 너무 싸운다며 입양할 사람을 찾고 계셨죠. 할머님은 저에게 그 아이를 꼭 맡아주면 좋겠다고 부탁하셨어요. 당시 고양이 둘을 임시보호 중이던 제가 믿음직하셨던 것 같아요.

본가에서 반려묘를 키우다 독립을 한 저는 고양이의 빈자리를 종종 느끼곤 했어요. 그래서 근처 애견미용실에서 임보 중이던 고양이들을 보러 가는 날이 많았죠. 결국 검은 고양이와 아기 삼색이를 차례로 데려와 함께 지냈어요. 그런 상황에서 또 다른 고양이의 임보 부탁을 받은 것이었답니다. 고양이 셋을 보호하는 건 부담스러운 일이었지만, 할머니의 무한 신뢰와 진심 어린 부탁을 거절하기 어려웠어요. 그렇게 세 친구들과의 추억이 시작된 것이구요.

막내 말랑이는 3년 가까운 시간 동안 몸도, 마음도 건강한 고양이로 자라주었어요(묘춘기 시절마저도 너그럽고 친절하기 그지없었죠). 뭔가를 먹이는 거 좋아하는 누나 덕분에 말랑이는 기골이 장대한 성묘가 되었답니다. 동글 말랑 콩떡 푸짐한 몸매를 보면 기분이 확 좋아지죠. 통장이 '텅장'이 되어도 야무지게 먹는 모습 보면 돈 벌 맛이 나실 거예요(웃음). 말랑이가 제일 좋아하는 간식은 참치랍니다. 몸에 좋다는 비싼 캔을 다양하게 사다 바쳤으나 참치가 아니면 별로 끌리지 않으시다네요, 하하.

식탐대왕 말랑이는 츄르가 본인 입이 아닌 다른 고양이에게 향하면 빈정 상했다는 듯 뒤로 휙 돌아 한 번 통! 제자리에서 뛰고 다다닥 도망갑니다. 정말 귀여운(?) 습관이에요. 그래서 다묘가정이라면 말랑이는 공간을 분리해서 따로 간식을 챙겨줘야 합니다. 다른 고양이들에게서는 보지 못한 특이한 행동이죠. 그리고 어느 정도 간이 된 먹거리를 좋아해요.

말랑이의 몸매가 통통하다고 해서 움직임이 느릴 거라고 생각하시면 오산입니다. 보통 체력이 아니라서 틈만 나면 장난감 흔들 각오를 하셔야 할 거예요. 아마 깜짝 놀라실 걸요. 어떻게 저 몸으로 저렇게 날아다니지… 하고요. 높이뛰기 천재가 분명합니다.

기본적으로 사람을 좋아하는 말랑이지만 아무래도 익숙한 사람을 더 편하게 생각하는 것 같아요. 친구가 집에 와도, 언제나 제가 1순위인 걸 보면 말이죠. 그렇다고 입양 후 보호자가 바뀐 것에 적응하지 못 할까 걱정하실 필요는 없어요. 말랑이를 제일 잘 아는 사람이 봤을 때, 같이 시간을 보내면 충분히 해결되는 문제라고 장담해요!

성묘라서 정을 나누기 어렵지 않을까 걱정하는 분도 계실 텐데, 절대 그렇지 않아요. 덩치가 산만하게 큰 뒤로도 아깽이 시절처럼 자다가 깨면 누나부터 찾고, 눈만 마주쳐도 너무 좋아서 꼬리를 바르르 떨고, 화장실을 쫓아오면서까지 일거수일투족을 함께하려는 아이거든요.

저는 말랑이와 지내면서 평생 갚을 수 없을 과분한 사랑을 받았다고 생각해요. 그 누구라도 말랑이와 함께 산다면 집으로 돌아가는 길이 언제나 행복하실 거예요. 이토록 예쁜 말랑이를 사랑해주실 준비가 되신 분이라면 망설이지 마시고 입양 문의해주세요!

글·사진 박서진 @ckawlqtk12 / 에디터 박재림

사지 말고 입양하세요

사지 말고 입양하세요

LET'S MAKE OUR WORLD BETTER TOGETHER

온기를 모아모아

자료제공 애신동산 @aeshindogscats / 에디터 박지림

초여름 햇살 아래 세상이 광합성에 한창입니다. 공원을 산책하는 댕댕이도, 그늘 아래 낮잠 자는 냥이도 힘이 넘쳐요. 반려동물 전문 매거진 mellow도 씩씩하게 vol.3 매거진을 만들었습니다. 그 사이 독자님들께서 구매한 vol.2 기부금(권 당 1000원)도 풀잎 위 이슬처럼 송글송글 모였고요.

vol.1에 이어 vol.2 기부금은 지난 5월 유기동물 보호소 <애신동산>에 전달되었습니다. 애신동산은 경기도 포천의 사설보호소로, 유기견 400여 마리와 유기묘(들고양이 포함) 30여 마리를 돌보고 있어요. 30년 전 문을 연 이곳은 한 때 개체수가 1200마리를 넘기는 등 제대로 운영되지 못한 시기도 있었지만 2010년 초반부터 봉사자들이 보호소 운영에 관여하면서 최악의 상황에서 벗어날 수 있었습니다.
전체 개체수의 80% 이상이 10살이 넘는 노령견·노령묘로 건강 문제가 가장 큰 걱정인 가운데 이번 vol.2 기부금은 애신동산의 강아지 '레이'의 병원 치료비, 마당 고양이들의 예방 접종 및 구충약 구비에 사용되었습니다.

애신동산의 마당냥이 '은비' '나비' '호비' 자매, 그리고 '금비'와 그 아이들 '구름' '별' '바람' 삼형제는 모두 인근 산에서 지내다 보호 마당으로 들어온 아이들입니다. 다들 매우 추운 겨울날 온기를 찾아 헤매다 애신동산을 찾았고 계속해서 머물고 있죠.
6월이 지나고 7~8월 한여름이 되어 파리 등 벌레들이 들끓게 마련인데 마당 고양이들의 건강이 걱정입니다. 이에 이번·기부금은 나비, 호비, 은비의 예방 접종 및 내외부 구충제 구입과 금비, 구름, 별, 바람이의 내외부 구충제 구입에 쓰였습니다.
애신동산 권민정 담당자는 "금비와 삼형제는 이번이 첫 여름이라 더 걱정이었는데 다행입니다"라며 "다들 어린 나이에 살길을 찾아 애신동산으로 온 아이들이에요. mellow 독자님들 덕분에 고양이들을 위험한 환경으로부터 지킬 수 있게 되었습니다"라고 감사의 마음을 전했습니다.

애신동산은 고양이들을 보다 좋은 곳에서 반려할 수 있는 입양자를 찾는 작업도 꾸준히 진행 중입니다. 입양 문의, 후원, 봉사활동과 관련된 사항은 애신동산 봉사자모임 홈페이지(https://aeshindongsan.modoo.at)와 카카오 페이지 '애신동산봉사자모임'에서 확인할 수 있습니다.

발행처

(주)펫앤스토리

Publisher

옥세일 Seil Ok

Contents & Editorial Director

김은진 Eunjin Kim

Senior Editor

조문주 Munju Jo
박재림 Jaelim Park

Editor

박조은 Joeun Park
강해인 Haein Kang

Project Editor

정지민 Jimin Jung

Art Direction & Design

김은진 Eunjin Kim

Senior Designer

최형윤 Hyeongyun Choi

Designer

김서연 Seoyeon Kim

Sales & Distribution

이재호 Jaeho Lee

Management Support

정선국 Sunkook Jung
안시윤 Siyun An

Marketer

김은진 Eunjin Kim
강해인 Haein Kang

Pubilshing

(주)펫앤스토리
도서등록번호 제 2020-00135호
출판등록일 2005년 3월 17일
ISSN 2799-5399
창간 2010년 9월 14일
발행일 2022년 5월 20일

(주)펫앤스토리

경기도 용인시 수지구 신수로 767
분당수지유타워 A동 2102호
767, Sinsu-ro, Suji-gu, Yongin-si,
Gyeonggi-do, Republic Of Korea

광고문의

mellowmate@petnstory.com
070 8671 3423

구독문의

mellowmate@petnstory.com
070 8671 3423

Instagram

magazine_mellow

Web

mellowmate.co.kr